聆聽的藝術

認識自己與體察現代人的心靈

The Art of Listening

Erich Fromm

埃里希・佛洛姆 ————著　梁永安 ————譯

關於心理治療與認識自己，佛洛姆博士的看法：

有利治癒精神官能症的體質因素是生命力的程度，特別是愛生命的程度。

如果你只做小改變，很快就會發現這些新改變在一陣子之後便消失了，沒有事情真的發生改變。只有對你的人格系統進行非常基本的改造，才可望在未來創造出改變。那將需要涵蓋你的思想、行動、情感和一切。

除非一個人在讓自己康復一事上有責任感、參與感和自豪感，否則他不會康復。

精神分析的訓練課程應該包括歷史、宗教史、神話象徵學、哲學，也就是說應該包含人類心靈的所有主要產物。

⁂

一個人真的需要一些生活經驗，才能擁有我所說的健康的懷疑心態。我推薦每個人去建立這種心態。它可以讓生活更加清晰，讓人免去很多錯誤，不會墮入那些浪漫和好意的騙局——在這種騙局中，人既欺人又自欺。

⁂

批判性思考是人類唯一對抗人生各種危險的武器和防禦工事。如果我不批判地思考，我就會受到各種影響力、各種暗示、各種錯誤和各種謊言擺布。這樣，一個人就不可能是自由的，不可能是獨立的，不可能有自己的中心，除非他能夠批判地或懷疑地思考。

—中文版編者的話—

從《愛的藝術》，到《聆聽的藝術》

二〇二一年九月木馬文化推出佛洛姆博士全新中譯本《愛的藝術》，在疫情正熾期間，人們惶惑不安之際，給予關於「愛」，如何相信、如何學習「去愛」能力，以及如何實踐的明晰理論與方法。

佛洛姆六十五年前因個人生命歷程的變故，同時憂心核武軍備競賽的威脅與傾軋，造成國際關係緊張，戰爭一觸即發，將他多年來對於「愛」的思索，擴大為「愛生命」的情懷，完成《愛的藝術》（1956），呼籲人們避開「死亡」的魅惑，回到自身人格的重塑，完整自我，成為一個有「創造力」取向的人，愛自己、愛他人、愛生命、愛世界，生氣蓬勃，滿心快樂。

《愛的藝術》感動也激勵了跨世代的人們，直到現在。

緊接著《愛的藝術》之後，身為社會學家、心理治療及精神分析專家等多重身分的佛洛姆，更積極在他精神分析的專業領域，強化關於「愛的能力」、「愛的實踐」的深化。

《聆聽的藝術》（1991）即收錄了第一部分，一九六四年，他在沙利文學會的演講，以及第二部分，一九七四年，他與學者藍迪斯為美國心理學學生所開的三星期的課程內容。本書的最後一大節「精神分析『技術』，或者聆聽的藝術」，則是他一九八〇年過世前不久打算將第二部分的內容出版成書的導論。

從上述導論的題目為「精神分析『技術』，或者聆聽的藝術」可知，佛洛姆在心理治療專業領域的「技術」（聆聽）的論說與方法，實則可普及應用於「對一般大眾維護身心健康的建議」。

他說：「自我分析就是一輩子不斷地積極覺察自己，以及更加覺察自己的無意識動機、心靈中一切重要的事情、自己的目標、自己的矛盾和不一致。」（《聆聽的藝術》）

他也說：「在與他人的關係中，專注的首要意義是能夠傾聽。」（《愛的藝

術》）

於是，經過提醒及練習，我們會明白，「覺察自己」，來自於「傾聽自己」，理解他人，來自於「專心傾聽他人的話語和自己的回答」。

由此我們可以說，愛的能力學習的起點在於「傾聽」。「傾聽」和「愛」一樣，都是一門藝術，一如佛洛姆一再敦促的，「愛的能力」和「傾聽的能力」需要「整個一生保持紀律」去實踐。

邀請各位親愛的讀者，同來傾聽這位深愛人類的哲學家，獻給全世界「認識自己與體察現代人心靈」的諄諄叮嚀。

—導讀—

聆聽自我的生命責任——佛洛姆拯救的新人類

蘇俊濠（諮商心理師）

埃里希·佛洛姆（Erich Fromm）跟沙利文（Harry Sullivan）與霍妮（Karen Horney）等人都被稱作「新佛洛伊德主義者」（neo-Freudian），意指他們皆追隨威廉·賴希（Wilhelm Reich）的觀點，堅持將精神分析置於社會和文化條件，乃至記憶與歷史的脈絡下去檢視[1]。更多對「佛洛姆是誰？」的標籤，如人本主義哲學家、法蘭克福學派社會心理學家、社會文化派精神分析師等，也許對研究者們有座標式功用，了解到佛洛姆和不少遭受納粹迫害的德國猶太移民一樣，強調以精神分析為

1 Zaretsky, E. (2015). Political Freud: A history. Columbia University Press.

基礎，對歷史、體制及社會作批判思考。

然而，如果忽略佛洛姆更深層的宗教情懷，我們便錯失他不論從社會學角度或精神分析所真正追求的目標：革新性格，轉化人成為「新人」（a New Man）！

按與佛洛姆同期受訓成為分析師的芮克（Theodor Reik）的說法，出生於正統猶太家庭的佛洛姆，原本打算如同他的祖父與曾祖父，成為猶太教的律法導師「拉比」，雖然他後來放棄了這份信仰的實踐，但骨子裡仍然有根深柢固的猶太人品味與個性，以及某種貫穿各種學說的宗教質地。這質地可從他明顯帶有基督宗教色彩的〈信經〉（Credo）裡感受得到：

「我相信沒有人能透過為他人做選擇來『拯救』他的同胞。一個人能為另一個人做的，就是不帶多愁善感或多餘幻想，只真實且全心地向他展示餘下的替代選項。面對真正的替代選項可能會喚醒一個人所有隱藏的能量，並使他能夠選擇生命而非死亡。要是他不能選擇生命，那麼就沒有人能為他吹入一口生命。」（出自佛洛姆作品《Beyond the chains of illusion》，1962）

在「有限的自由」中，人仍要對生命或死亡作出「選擇」，代表人對自身能否得救一事，有無可避免的「責任」。為了跟所有在痛苦中守候的人類宣講攸關如何「救贖」的信仰觀，佛洛姆的書寫總是平易近人，又直截了當地要求讀者作出改變。他不走那些真理派分析師令人難消化的書寫路徑，但相對當時美國的學界氛圍，他又提出許多充滿獨到創意的分析治療觀點。

技術之外的批判式分析態度

簡單而言，佛洛伊德認為人的精神結構是由驅力和與之角力的防衛持續形塑的，環境的影響力遠不及幻想與慾望等等的潛意識內因來得首要；藉由把個案的心靈當作不怎麼受外界影響的獨立機器來處理，這使得傳統的精神分析師能站在遙遠而被動的觀察者位置去工作。佛洛姆則把個人的歷史視為他所身處的社會環境的縮影，即在驅力以外，人的精神與性格其實與社會及文化脈絡密不可分；分析師與個案既一同身處某種社會結構之中，分析師的個人文化背景和歷史又塑造出類似或異於個案的個性，二人在個體及社會層面都持續在碰撞與交流；獨立運作式心靈機器的假設在此被動搖及解封，使佛洛姆能踩上主動的參與者位置去進行治療。

《聆聽的藝術》作為佛洛姆對分析治療的長篇論述，彌補了他過去側重精神分析式社會批判的另一端：具社會學批判的精神分析理論。但這說法仍不夠精確，因為我認同原書的編者芬克（Rainer Funk）所指，本書並不能視為佛洛姆的精神分析教科書，裡頭呈現的更多是佛洛姆基於臨床經驗而高度個人化的「批判式治療態度」，而非系統式書寫的「治療技術」。

在本書第一部分，佛洛姆首先把精神官能症（neurosis）的構成從佛洛伊德那套「驅力」與「自我」之間的衝突，修正為「惡性激情」（malignant passion，死亡）與「良性激情」（benign passion／Eros，生命）間的衝突。在體質因素（基因、驅力／自我強度、性情、氣質、生命力、勇氣等）到環境因素（人際、家庭、學校、社會體制與文化觀）的光譜上，創傷、症狀、療效之間的關係有百百種推論，但佛洛姆認為人的康復契機取決於一個至關條件：投入良性激情，提升對世界與他人的愛與興趣，和減少惡性激情的極端自戀。兩種激情的火花點燃了治癒的能量：「分析治療的治癒，寄託在人格的非理性部分和理性部分相遇時所產生的衝突。」

本書第二部分是橫跨八個章節的課程文稿，始於佛洛姆批判佛洛伊德對他所處的（維也納）社會結構沒有任何批判，即佛洛伊德毫無質疑地擁抱「自由派中產階級」的世界觀，把影響人「去愛、去工作」的能力的症狀才視為疾病，純粹用社會功能來粗淺定義心理健康。一百年前，讓人受苦的症狀以歇斯底里或強迫症為主，而今天看到的，更多是憂鬱、失眠、空虛、無意義等的難言苦楚（且伴隨各種精神科診斷）。顯然，症狀及人的精神面貌已隨著時代與社會結構在變遷，每個人都被所屬的社會模塑出某種社會性格，因此佛洛姆主張社會分析與個人分析是一體的兩面！

由此，我們不妨思考台灣社會結構會模塑出怎樣的性格？是服務業滋養的討好與奴性？是教育規訓的聽話好學生？是長年面對政治威脅時的妥協、畏縮與自貶？還是想反叛一切的「俋爸昧爽」挑釁格調？抑或者，在「台灣最美麗的風景是人」的門面下，有著友善與熱情背後對攻擊慾望與自尊受挫（無法自戀）的壓抑，使得人們表現出過度友善與自我膨脹、天真與偽善的分裂複合體？上述也許都不夠正確，但我感受到台灣人的社會性格是在多元的社會（微／次）結構中重疊與折疊地生成的。

人有著主動改變的責任

藉由抹去社會不適與個人不適之間的分野，佛洛姆抱負遠大：改革社會即長遠地治療個人，而治療個人亦隱含社會結構的改革。我認為其中一個創見，在於他在當時就指出了當今心理治療圈不自覺衍生的自我疏離狀態（self-estrangement），使人無法真正去除內、外在束縛以達到獨特個性的完全實現。

人可以宣告之所以過得悲慘，皆源於未處理且隨年月惡化的童年創傷，讓今天的自己只能以某種特定（不成熟、不健康）方式回應他人與環境，才造成關係破裂、生活挫敗，最後貼上治療師一句「這不是你的責任，錯在於童年時期怎樣對待你的父母／他人」的安心保證封條。另一種宣告則是「我有某某症／某某人格障礙的診斷」，診斷彷彿成了與自我無關的附加腫瘤，只等待哪天一刀切除掉。當代的精神分析師麥克威廉姆斯（Nancy McWilliams）認為以上行為會隱晦地教人們偷偷否認自身的責任、阻礙去靠近自己和他人。把問題丟給過去的心理創傷或醫師的診斷，也許能舒緩部分心理痛苦，卻無法帶來真實的改變；相反的，按佛洛姆和麥克威廉姆斯的警示，當我們用「我是一個憂鬱的人」、「我很邪惡」、「我十分自戀」等的「我是」（to be），來取代「我有憂鬱症診斷」、「我對他人有惡意」、「別人說我有自戀的議題」等的「我有」（to have）表述時（我謹期望讀者不要把它混淆至精神疾病的汙名化上），人們就承認了生命之難處，不再無意識地推卸、卻是肯定起行為的自我責任（responsibility）：「這是我的人生！我要主動改變！」

「我（佛洛姆）心目中的分析治療最重要的是，必須喚起病患自己的責任感和積極性。」自由與責任是共生的，人得去擁抱而非逃避自身的體驗，不願背負責任便無法享有自由。換言之，雖然「心理困擾像感冒」能改善民眾過往抗拒因精神疾病就醫的心態，但這觀點的轉變也演化為個人與自身的疏離關係結構，現在需要回到文初所說的目標：這份革新性格的責任，得涵蓋思想、行為、情感、各種價值與信念等方面的系統式改變，否則這人就不是真正意義上的「新人」！

佛洛姆鼓勵人們在痛到極處時認真尋求改變，好放下平庸之見而追尋真實，這需要「皈依」般主動渴求拯救的努力與意志。相對的，是人們每天默默供養的自戀「舊人」，自戀者無法看見他人、無法批判自我，他們在自憐上無比自我中心，又缺乏實質的改變行動。「在自戀中，別人可以是定向點。他們可以指出你的想法是胡說，還是你空想出來的。」佛洛姆認為精神分析治療的價值在這裡得到完全體現：人把自己交出去，讓分析師去聆聽他不認識的自己「是」誰。

分析始於聆聽，聆聽生於去愛

聆聽是精神分析治療的起點。本書最後一節雖然因佛洛姆的去世而無法完筆，教人遺憾，但某程度而言，我想他早就在《愛的藝術》便寫好了這篇〈精神分析的「技術」，或者聆聽的藝術〉該有的態度：唯有去愛（loving），我們才能全心全意地聆聽（listening）另一個人類的靈魂之聲。

有時候佛洛姆的主張被批評為缺乏個人心理（微觀宇宙）與社會要求（宏觀結構）之間差距的深度心理學解釋[1]，像是當他強調人要敢於面對與招認自戀才可能碰觸真理時，我們不妨設想他解釋不足的部分：社會結構（如極權、極左／右政治等）又會如何反過來阻止發生自我聆聽的可能性？

事實上佛洛姆也無奈在某些境況下，人類註定生病，但此症狀亦是他們「用殘缺的方式尋求他們的救贖……因為那是他唯一照到陽光的方法。」渴望救贖的受苦者已用盡方法獲取陽光，即使面目殘破不堪，但我們又是誰，可以評斷他們並非對生命虔誠的信徒呢？

——二〇二三年五月六日於台北

（本文作者為心理諮商師，精神分析主題作家，臉書、方格子「哈理斯的精神分析躺椅」版主）

---

1 Roazen, P. (1968). Freud: Political and social thought. Alfred A. Knopf.

目錄

聆聽的藝術

編者序

芬克（Rainer Funk）

很多人認識的佛洛姆是位心理治療專家。他從事精神分析超過五十年，有四十多年時間以老師、導師、大學講師身分活躍在紐約和墨西哥市兩地的精神分析教育和訓練機構。和他一起從事精神分析的人都感受到他是不屈不撓的真理追求者和不妥協的批判性夥伴，也感受到他異乎尋常的移情能力、親和力，和即時與他人建立關係的本領。

雖然佛洛姆一再計畫為文介紹他獨樹一幟的治療方法，但從未落實。所以有關佛洛姆與病患互動方式的記載，還有他在訓練中與分析師或同事互動的記載，深具價值。這方面特別值得一提的有R. U. Akeret（1975）[1]、G. Chrzanowski（1977,

1　譯註：完整書名可在本書最後的「參考書目」根據姓名與年份找到。

1993）、R. M. Crowley（1981）、D. Elkin（1981）、L. Epstein（1975）、A. H. Feiner（1975）、A. Gourevitch（1981）、A. Grey（1992, 1993）、M. Horney Eckardt（1975, 1982, 1983, 1992）、J. S. Kwawer（1975, 1991）、B. Landis（1975, 1981, 1981a）、R. M. Lesser（1992）、B. Luban-Plozza and U. Egles（1982）、M. Norell（1975, 1981）、D. E. Schecter（1971, 1981, 1981a, 1981b）、J. Silva Garcia（1984, 1990）、R. Spiegel（1981, 1983）、E. S. Tauber（1959, 1979, 1980, 1981, 1981a, 1982, 1988）、E. S. Tauber and B. Landis（1971）、E. G. Witenberg（1981）、B. Wolstein（1981），還有他的墨西哥學生於一九六五年至一九七五年間在《精神分析雜誌》（*Revista de Psicoanáilisis*）、《精神病學和心理學》（*Psiquiatría y Psicología*），以及後來在墨西哥精神分析研究院（這機構是佛洛姆創建）的出版品所寫的文章。以下幾位的記載仰仗上述作品，一部分也仰仗佛洛姆先前未出版的手稿：M. Bacciagaluppi（1989, 1991, 1991a, 1993, 1993a）、M. Bacciagaluppi and R. Biancoli（1993）、R. Biancoli（1987,1992）、D.Burston（1991）、M. Cortina（1992）、R. Funk（1993）和L. von Werder（1990）。

佛洛姆自己就精神分析治療問題發表過的出版品，很快就可以列舉完：一章他談對夢的了解、一篇他對佛洛伊德「小漢斯個案」（The Case of Little Hans）的討論，和一些對治療技術問題的反省。一九六三年，伊文斯（Richard I. Evans）對佛洛姆就他的治療概念進行訪談，後來以英語、義大利語和好幾種其他語言出版。但這次訪談內容的出版違背佛洛姆的意願，被認為不足以做為參考，因為「在我（佛洛姆）的判斷中，它並沒有給予我的研究工作任何有用的洞察」，並不構成「對我的研究工作的一個導論或『綜述』。」本書收錄了佛洛姆在這次訪談中對治療方法的一些看法，內容取自錄音帶的逐字稿。

本書收錄了佛洛姆過世之後才刊行的文本，但它們不能被視為有關精神分析治療的教科書，也不足以取代佛洛姆始終沒有寫出來的精神分析技術闡釋。佛洛姆之所以沒寫出一本分析治療教科書，或者沒有建立自己的治療學派並非偶然。他指出，他的治療方法的特殊之處，在於不能被包含在任何一種精神分析技術之中，而精神分析師也不能躲藏在治療的技能與知識後面。

本書並沒有為精神分析技術提供資訊。事實上，在佛洛姆看來（同時也牴觸精神分析技術教科書的主張），並不存在精神分析技術這回事。不過本書揭示了佛洛姆身為治療師的一面，與他如何處理當代人所遭受的心理痛苦。其治療方法的特色，不是冗長的理論與將概念抽象化，也不是精確掌握病患的資料，而是他有能力個別和獨立地體察病患的基本問題。佛洛姆的人本主義觀點深刻影響他對病患的看法以及對待病患的方式。病患沒有被他視為本質上不同的人。他看見分析者和被分析者之間具有深刻的共通點。他的治療方法預設了分析師已經學過如何處理自己，並準備好繼續學習，而不是躲在「精神分析技術」後面。分析師是自己的下一個病患，對他來說，他的病患成為了他的分析師。佛洛姆之所以能夠認真對待病患，是因為他認真對待自己。他能夠分析病患是因為他能夠透過病患在他身上引起的反移情反應（counter-transference reaction）來分析自己。

本書的內容原本均未以手稿的形式存在，而是整理自佛洛姆的演講、訪談和討論課錄音的英語逐字稿。它們首度被整理成文字出版，當初發表時並沒有講稿或授課筆記，我設法保留其口語風格。除了最後一節，本書內容的分段和順序，還有標題，都是由我決定。文中如有重要添加，會以方括號表示。英語逐字稿可以在佛

洛姆檔案館找到。（地址：Ursrainer Ring 24, D-72076, Tübingen, Germany）

本書的第一部分「分析治療中導致病患改變的因素」，出自佛洛姆於一九六四年九月二十日在沙利文學會（Harry Stack Sullivan Society）的一場演講，演講是為了慶祝懷特研究中心（William Alanson White Institute）在紐約的新大樓落成。原講題是「分析治療中病患改變的原因」。這次演講特別重要，因為佛洛姆在其中區分了良性與惡性精神官能症，並且非常清楚地指出精神分析治療的限制。

第二部「精神分析治療面面觀」為一門討論課的文摘。這門討論課是佛洛姆和蘭迪斯（Bernard Landis）於一九七四年在羅諾（Locarno）為美國心理學學生合開，為期三週。幾年後，他的祕書瓊·休斯（Joan Hughes）從錄音中整理出逐字稿（多達四百頁），部分經過佛洛姆的修訂。佛洛姆本來打算把這批逐字稿收錄在一本談精神分析治療的書中。該書的第一部分原計畫處理佛洛伊德派的侷限性。在一九七六年和一九七七年完成《占有還是存在》（*To Have or To Be?*）之後，他寫出了這個部分的手稿。第二部分（他為此修訂一九七四年討論課的逐字稿）原定是要處理治療方法的問題，不過由於在一九七七年秋天嚴重心臟病發作，佛洛姆無法繼續進行，所以第一部分（對佛洛伊德精神分析的討論）最終在一九七九年獨立發表。

收錄在本書第二部分的一九七四年討論課逐字稿，不只讓人對心理治療師佛洛姆有第一手的認識（其中他對蘭迪斯提到的一例個案的看法讓內容更加豐富），還讓人認識到他對現代「性格精神官能症」（character neuroses）的看法和治療這種病症有特殊需求的必要性。此外，討論課的部分段落還加入佛洛姆在一九六三年接受伊文斯的訪談時所說的話。本書最後的「精神分析『技術』，或者聆聽的藝術」，是佛洛姆在一九八〇年過世前不久所寫，本來打算作為一九七四年討論課出版成書時的導論。

一九九四年一月於圖賓根（Tübingen）

（本書編者芬克（Rainer Funk）博士，是佛洛姆生前最後一位助手，也是佛洛姆的遺稿保管人。芬克對佛洛姆的生活與思想有非常深入的瞭解，曾撰寫關於佛洛姆的論文。）

Part 1

分析治療中導致病患改變的因素

第一部分出自佛洛姆於一九六四年九月二十日，
在沙利文學會的演講錄音整理。
佛洛姆在這次演講中區分了良性與惡性精神官能症，
並且指出精神分析治療的限制。

1 佛洛伊德所主張的治癒因素與我的看法

談到分析治療的治癒因素，我認為這方面最重要的作品是佛洛伊德的文章〈有止境的分析和無止境的分析〉（*Analysis, Terminable and Interminable*）。那是他最精采的文章之一，也是他最有勇氣的文章之一，儘管他的任何其他作品都不缺乏勇氣。這篇文章寫於他過世前不久，某個意義下是他對此問題的最終概述。在本次演講中，我首先扼要介紹這文章的主要觀念，接著評論這篇文章，最後作出相關建議。

首先，這篇文章最有意思的是，佛洛伊德在其中呈現的精神分析理論自早期以來就不曾有過真正的改變。他認為精神官能症是本能和自我之間的一種衝突：要麼是因為自我不夠強，要麼是因為本能太強，但無論如何，自我都是一道堤壩，只要它不足以抵抗本能力量的沖擊，就會發生精神官能症。這和他早期理論的立場一致。他在鋪陳的時候也沒有加以修飾或者變更。隨之而來的結果是，分析治療基本上在於加強幼年時期過於虛弱的自我，使自我在足夠強大時具有應對本能的力量。

其次，根據佛洛伊德所言，何謂治癒？他把話說得很清楚（以下引自〈有止境的分析和無止境的分析〉）：「病患不再因為他的症狀受苦，而且應該已經克服了他的焦慮與壓抑。」但還有另一個重要條件。佛洛伊德並不認為症狀的消失就足以構成治癒。只有當分析師認定病患有夠多的潛意識部分已經浮出水面，足以解釋症狀的消失，這時，分析師才可以斷定病患已經治癒，不太可能再次出現原有的症狀。事實上，佛洛伊德在這裡談到了「對本能的馴化」。分析過程就是一個馴化本能的過程，或者像他所說的，會讓本能更加容易「被自我中的所有其他傾向而影響」。首先是把本能帶入意識（否則你要如何馴服本能？），然後自我會在分析的過程中強化，獲得它在幼年時未能獲得的強度。

第三，不管是成功或失敗，佛洛伊德在這篇文章中提到決定分析結果的因素有哪些？他提到三個因素：首先是「創傷的影響力」，其次是「本能的體質強度」，第三是在抵抗本能沖擊過程中「自我的改變」。

根據佛洛伊德所言，不利治癒的因素是本能的體質太強，加上自我在抵禦衝突時發生不利的改變。眾所周知，對佛洛伊德來說，本能的體質強度是病患能否被治癒的最重要因素。佛洛伊德一生，從他早期的作品到他最後期的作品，都強調本能體質的重要性。但相當奇怪的是，不管是佛洛伊德派，還是非佛洛伊德派，對這個對佛洛伊德來說非常重要的觀念卻只有口頭擁護。

所以佛洛伊德認為，本能的體質太強是不利治癒的因素，這樣的話，即便自我有一般的強度也是無濟於事。其次，即便是自我的改變也可能受本能體質的影響。換言之，他在本能與自我這兩方面都看出體質上的因素。他還有一個對治癒不利的進一步因素，那就是紮根在死亡本能的阻抗（resistance）。這當然是出自他後期理論的補充。不過，在一九三七年，佛洛伊德會認為這也是一個不利於治癒的因素是很自然的。

那佛洛伊德認為哪些因素是有利於治癒的？有一點是很多人在談到佛洛伊德理論時都沒有注意到的，那就是根據佛洛伊德的這篇文章，創傷越強，治癒的機會越大。我將會討論為什麼會這樣，以及佛洛伊德為什麼會這樣認為，儘管他沒有就此談太多。

精神分析師的為人是另一個對治癒有利的因素。佛洛伊德在他生前最後一篇文章中，對於分析情境說了一句非常有趣的話，值得一提。他說分析師必須擁有某種優越性，好讓他在某些分析情境中可以作為病患的楷模，在另一些情境中可以作為老師。最後，我們必須記住，醫病關係是奠基於對真理的愛，也就是奠基於對現實的體認，而那是「排除任何種類的作假與欺騙」。我相信佛洛伊德強調的這句話非常重要。

最後一點要說的是，雖然他並沒有明說，但如果我了解無誤的話，有一個概念隱含、遍見於他的全部作品中。佛洛伊德對治癒的過程總是抱持有點機械性的觀點。他本來的觀念是，如果一個人揭發了被壓抑的感情，那這些原本被壓抑的感情就會被排除。這種情形稱為宣洩（abreacting），而他的模型是一種非常機械性的模型，就像把膿瘡中的膿吸走，傷口就會非常自然、非常自動地痊癒。

佛洛伊德和很多其他分析師後來看出這不是事實，因為如果真是這樣，那些最不理性的人將是最健康的人。但事實卻不是如此。所以佛洛伊德和其他分析師放棄了這個理論。不過他們卻用一個較不明說的觀念來取代原有的理論，也就是病患如果得到了頓悟（insight），即覺察到自己的無意識層面，則症狀就會直接消失，一個人並不需要做出特別的努力，不需要進行自由聯想，不需要經歷必然會伴隨治療過程而生的焦慮。這不像佛洛伊德原來的宣洩理論那麼機械性，但在我看來仍然有點機械性。它隱含著治癒的過程是一個平順的過程，也就是說，如果病患覺察到自己的無意識層面，他在這個過程中就會痊癒。

現在我想對佛洛伊德所認為的治癒因素作出評論，並加以補充和修正。首先，我想說的是，如果你問什麼是分析治療的療癒，我就會想到所有精神分析的共同之處在於，佛洛伊德的這個基本概念：**精神分析是由一種方法定義，這種方法設法揭開一個人的無意識層面**，並假定在揭開的過程中，當事人有機會恢復健康。只要我們記住這個目標，那麼不同學派之間的爭論就會有一大部分變得不是那麼重要。如果我們真的是以這個目標為念，就會知道，要發現一個人的無意識領域是多麼困難和不牢靠，這樣我們就不會對各種嘗試辦到的方法感到激動，而是去問哪個方法更有利於達成這個目標（這是所有可以稱為精神分析的治療方法所致力的目標）。我認為任何不以此為目標的治療方法，雖然在治療上可能會非常有價值，但它們與精神分析無關，而我會馬上作出一個清楚的劃分。

佛洛伊德認為分析工作就像增強一道堤壩以抵抗本能的沖擊，對此我不想加以反駁，因為我認為此說有很多優點。尤其如果我們是處理精神官能症而不是精神疾病的問題時，我們就必須處理自我的脆弱性，與為何一個人會在某些衝動的沖擊下崩潰，而另外一個人卻不會的奇怪情況。所以我並不打算否定分析過程涉及自我強化這個一般性概念。然而有了這個但書之後，在我看來，精神官能症及其治癒方法的主要課題，正好不是以下兩者：一方面是非理性的激情（passion），另一方面是保護一個人讓其免於生病的自我。

還有另外一個矛盾存在，那就是兩種激情之間的衝突。一種是原始的、非理性的退行性（regressive）激情，另一種是人格內部的其他激情。我接下來會把意思說得較為清楚一點。我說的原始激情，包括強烈的破壞性、強烈的母親固著（fixation to the mother）和極端的自戀。

對於強烈固著，我會稱為共生性固著（symbiotic fixation），用佛洛伊德派的術語來說是對母親的前性器固著（pre-genital fixation）。這是一種深沉的固著，目的是回到母親的子宮，甚至回到死亡。值得注意的是，佛洛伊德在他的後期作品中表示他低估了前性器固著的重要性，因為他的全部作品過度強調性器固著，因此低估了女孩的問題。對於男孩，我們有理由認為所有問題都是始於對母親的性器固著。但這在女孩卻說不通。佛洛伊德看出了男孩和女孩都存在對母親的大量前性器固著（非性意味的固著）[1]，而這是他本來在作品中沒有投以充分注意的地方。不過，佛洛伊德的這番話有點被精神分析文獻所忽略，而當分析師談到伊底帕斯階段和伊底帕斯衝突的時候，通常想到的都是對母親的性器固著而非前性器固著。

我所說的破壞性，不是那種本質上是防禦性的、為生命服務的破壞性，甚至不像嫉妒那樣，是以保護生命為目的所衍生出來的。它是那種以摧毀為目的的破壞性，我一直稱這種破壞性為戀屍癖（necrophilia）。[2]

〔強烈的母親固著、戀屍性的破壞性和極端自戀都是惡性激情〕。之所以是惡

1 譯註：此說似乎是口誤，因為女孩的前性器固著應該是針對父親。

2 譯註：有關這個問題，參見E., Fromm, *The Heart of Man. Its Genius for Good and Evil*, 1964a。戀屍癖是真正嚴重病態行為的根源。

性，因為它們都與嚴重疾病有關，會引起嚴重疾病。你可以在人身上找到這些與惡性激情相對的激情：對愛的激情；對世間所有被稱為生命本能的事物，不僅對人，也對自然界，對現實生活，對各種思想，對所有形式的藝術感興趣的激情。

現在人們流行談論佛洛伊德派所說的自我功能（ego function）。我認為這是一個不幸的倒退，以及繼美洲大陸被發現很久之後的大發現。因為除了佛洛伊德正統派之外，從來沒有人懷疑心靈有很多功能不是性本能驅動下的結果。我認為由於重新強調自我的功能，人們已經從佛洛伊德思想中最有價值的部分退卻，這部分就是對激情的強調。雖然自我的強度在某個意義下是個有意義的概念，但自我基本上是激情的執行者：它要麼是惡性激情的執行者，要麼是良性激情的執行者。然而對人來說，重要的是，決定他的行動和造就他人格的是：他受到何種激情的驅動。那完全端視一個人是對死亡、破壞性和所有無生命的事物熱烈地感興趣（我稱之為戀屍癖），還是對所有有生命的事物熱烈地感興趣（我稱之為愛生性[biophilia]）。兩者都是激情，都不是邏輯的產物，都不是在自我之中。它們是整個人格的一部分。它們不是自我功能。它們是兩種不同的激情。

對於佛洛伊德的理論，我建議作出以下修訂：主要的問題不在於自我與激情的鬥爭，而在於良性激情和惡性激情的鬥爭。

2 良性、惡性精神官能症與一則個案史

在探討何謂分析治療的療癒，或者是什麼因素帶來療癒的問題之前，我們當然必須考慮以下的問題：精神官能症有哪些種類？精神官能症有很多種類，分類方式也有很多變化。梅寧格醫師（Dr. Manninger）最近主張這些分類方法大部分都不具特殊價值，但沒有提出新的分類方法。我想提出以下一個非常簡單的分類方法，那就是良性精神官能症和惡性精神官能症。

假設有一個人得了良性或輕度精神官能症，他沒有被其中一種惡性激情攫住，而且他的官能症是出於嚴重的創傷，那麼我就會完全同意佛洛伊德所說的，創傷越大的病患得到治癒的機會越高。理由是，如果病患受到嚴重創傷卻沒有得到精神方面的疾病，或者沒有顯示出非常駭人的病徵，那就表示他本能的體質非常強壯。在這些情況下，我所謂的性格結構核心並未受到嚴重損害，沒有出現嚴重的退行，沒有出現嚴重的惡性激情，我想，分析治療獲得成功的機會就很大。這當然需要把病

患所有壓抑的部分揭發出來，讓它們浮現在意識中，也就是說需要把創傷因素的性質，和病患對這些創傷因素的反應揭發出來，因為病患經常否認創傷因素的真正性質。

我想用一例墨西哥女性的簡短個案說明良性精神官能症。她未婚，大約二十五歲，症狀是同性戀。自從十八歲起，她就和女性發生性關係。到了她求助分析師治療的時候，她和一名夜總會女歌手有同性戀關係，每天晚上都會去聽女朋友唱歌，常常喝醉和非常憂鬱。她設法擺脫這種惡性循環，卻無法下定決心離開對她極惡劣的女朋友。她非常害怕對方威脅要離開她，所以就留下來。

案主是一例處境頗糟的個案：同性戀，不斷的焦慮，輕度的憂鬱，生活漫無目的。案主有什麼來歷？她的母親一直是一個有錢男子的情婦，案主就是兩人的孩子。男人算是負責任，對母女倆的供養沒有停過，但顯然沒有扮演父親的角色。案主的母親是個心機重的女人，只會利用案主向父親要錢。她派女兒向父親要錢，透過女兒勒索父親，以各種方式讓女兒難堪。案主的姨母是妓院老闆，設法勸誘案主賣淫，曾經兩次讓案主在付錢的男人面前脫光衣服（那時候案主已經不那麼年幼）。如果不是案主能堅持，她被逼迫的事情大概不止於此。不過案主卻極為自卑，街坊的孩子因為她是沒有父親的小孩，又是妓院老闆娘的外甥女，都用很難聽的綽號叫她。

所以直到十五歲為止，案主都是個擔驚受怕而孤僻、毫無自信的女孩。她父親一時心血來潮，把她送到美國讀大學。你可以想像，一下子轉去了一所環境優美的美國大學，她的環境改變有多大。在那裡，有一個女孩喜歡上她，兩人發展出同性戀關係。這沒有什麼好奇怪的。我相信任何一個那麼擔驚受怕、有著那麼不光彩身世的女孩，一定會和任何對她流露出柔情的人（無論男女）發生性關係。那是她第一次走出地獄。在美國期間她有了其他同性戀關係，然後她回到墨西哥，返回同樣的悲慘處境，總是不知所措，總是覺得羞慚。然後她遇到了前面提到的那位夜總會女歌手，被對方吃得死死的。她就是那時候求助分析師。

案主接受了兩年的精神分析治療，然後離開了女朋友，單獨生活一陣子。她開始和男人約會，然後她愛上一個男人，嫁給對方，也不再性冷感。她顯然不是一個有真正同性戀性向的人。有些人也許會不同意我用「顯然」二字，但在我看來，她的同性戀傾向十之八九就像大部分人潛在的那麼少。

從她的夢境看得出來，這個女孩對人生怕得要死。她就像曾經在集中營待過的人，她的預期和恐懼完全受經驗的制約。不過，在相對短的時間內（這是相對於一般分析治療所需要的時間而言），她便變得完全正常，有正常人的反應。

我舉這個例子只是要顯示，佛洛伊德所說的創傷在精神官能症中扮演的角色比本能的體質因素要強是什麼意思。我當然意識到當佛洛伊德在談創傷的時候，他的意思與我的有顯著的不同：他尋找本質上與性有關的創傷，是發生在較早年的創傷。我相信創傷通常是長期的過程，由一個接一個的經驗構成，最後達到高峰。不過它不只是一個高峰，還是經驗的疊加。我認為這有時和戰爭精神官能症（war neurosis）無太大不同，病患會在達到爆發點後病倒。

不過，創傷發生在環境中，是一種真實生活的經驗。這個道理適用於那個墨西哥女孩和這一類有創傷的病患，他們的性格結構核心沒有受到根本的破壞。雖然從外表看起來相當嚴重，但因為他們本能的體質健全，他們有很好的機會康復，在相對短的時間內便能克服反應性精神官能症（reactive neurosis）[1]。

我要強調的是，在良性或反應性精神官能症的個案中，創傷經驗必須相當嚴重，足以解釋精神官能症的起源，上述的情形才會出現。如果一個人有一個柔弱的父親和一個強勢的母親，那這個「創傷」並不能解釋為什麼他會得到精神官能症，因為有很多人一樣有柔弱的父親和強勢的母親卻沒有成為精神官能症患者。換言之，如果我們想用創傷性事件解釋精神官能症，就必須假定該創傷性事件具有非常異乎尋常的性質，以致不能想像有同樣創傷背景的人卻是完全正常與健康。所以我認為，在那些個案中，當我們無法找到一個軟弱的父親和強勢的母親以外的因素時，我們必須考慮到有本能體質的因素在作用的可能性，也就是說，弱勢的父親和強勢的母親之所以有創傷性，是因為當事人本能的體質因素傾向於得到精神官能症。在理想的狀況下，這樣的人也許不會得病。

我不願意接受以下的假設：有一個人病得非常嚴重，而我的解釋只適用於許多病得不是非常嚴重的人。假定一個家庭有七個小孩，其中一個生病，其他都健

1 譯註：這一類精神官能症是起自對創傷的反應，故名。

康。通常的合理化解釋是：「對，但是他是老大（或他是老二、他是排行中間的），這就是他的經驗不同於其他兄弟姊妹的原因。」有些人安慰自己認為他們因此發現了創傷，但在我看來這是非常鬆散的思考方式。

當然，有些創傷經驗可能是我們不知道的，它們沒有在分析過程中浮現。如果分析師擁有高明技巧，可以找出真正強烈的創傷經驗，和顯示它是如何引發精神官能症，我會很高興。但我無法把在很多其他個案中不是創傷經驗的經驗稱為創傷經驗。有好些其他創傷經驗都是真正異乎尋常的。我舉這個例子的原因在此。

還有另一個例子我只想略為一提。它是非常現代的現象，也是非常難以回答的問題，那就是，現代人病得有多厲害？疏離、自戀、沒有連結性、對生命沒有真正的興趣，只對科技小裝置感興趣，熱愛跑車遠多於熱愛女人。那麼，他病得有多嚴重？

某種意義下，我們可以說他病得相當嚴重，出現了以下的症狀：擔驚受怕，沒有安全感，需要不斷證實自戀有理。然而，另一方面，我們又可以說整個社會都沒有生病，因為社會還繼續正常運作。人們成功適應了普遍的疾病，或者「平常人的病態」（pathology of normalcy）。在這些情況中，治療問題變得非常困難。這些人確實經歷一種「核心」衝突，也就是說，他們性格結構的核心受到了強烈的擾亂：他們顯示出極端的自戀和對生命缺乏愛。但是，要治療他們，我們又必得先改變他們的整個人格。而且幾乎整個社會為他們撐腰：社會偏好他們的精神官能症。這讓你面臨了一個弔詭：一個人在理論上生病，但在另一個意義上卻沒有生病。這讓我們很難斷定分析治療在這樣的個案中可以發揮什麼作用，而我確實認為這是一個棘手的問題。

但對於我所謂的良性精神官能症，任務相對簡單，因為我們要處理的是核心完好無缺的能量結構與性格結構。你處理的是創傷性事件，它們解釋了病態畸形的由來。在分析的氛圍中讓無意識浮現，加上病人和分析師的醫病關係的幫助，這些人有很高的機會康復。

前面已經解釋過我所謂的惡性精神官能症。它是性格結構核心受損的精神官能症，病患要不是極端戀屍，就是極端自戀，或母親固著。在極端的情況中這三者會同時發生。這時候，治療的任務就是要改變性格核心結構中的能量荷（energy charge）。對治癒來說，有必要讓自戀、戀屍癖和亂倫固著發生改變。就算它們沒有完全改變，即使仍然留著少量佛洛伊德派所謂的對這些傾向的投注（cathexis），都會對病患產生重大的影響。如果這個人可以成功減少自戀，發展出較多的愛生性或發展出對生命的興趣等等，那麼這個人就有一定程度的康復機會。

談到分析治療的療癒時，我認為我們必須非常注意惡性個案和良性個案治癒機會的差別。有人也許會認為，它們的差別是精神病和精神官能症的差別，但事實並非如此。因為很多我所謂的惡性性格精神官能症並不是精神病性質。我這裡談的是一種你會在精神官能症病患身上找到的現象，或者有症狀，或者沒有症狀。他們不是精神病患，甚至不類似精神病患，也十之八九永遠不會變成精神病患，他們的治癒問題是一種完全不同的情況。

不同的還有阻抗的性質。你會在良性精神官能症找到阻抗（阻抗畢竟是出於猶豫和一些恐懼等等），但因為病患的性格結構核心非常正常，他們的阻抗也比較容易克服。然而如果是惡性精神官能症，也就是嚴重的精神官能症，其阻抗則根深蒂固，因為病患必須向自己或別人招認他是一個完全自戀的人，對任何其他人都滿不在乎。換言之，他必然會用比良性精神官能症患者大得多的力氣去對抗頓悟。

治療嚴重精神官能症的方法何在？我不相信癥結在於強化自我。我相信痊癒的癥結在於，病患用他人格中健全的、成年的、正常的部分，去面對他人格中非理性的和原始的部分，而這個過程會引起衝突。這衝突會激發一些我們必須假定存載於一個人內在的力量（這些力量的強弱應該也是攸關本能的體質因素）：追求健康的心願，追求個人與世界之間更佳平衡的心願。**在我看來，分析治療的治癒寄託在人格的非理性部分和理性部分相遇時所產生的衝突。**

分析治療的影響是，病患在分析中必須雙軌並行：必須體驗到自己是一個兩、三歲的小孩，同時也是一個成年和負責任的人，正在面對自己的小孩部分。在面對的過程中，他會獲得震撼感、衝突感和變動感，這些感覺對於分析治療治癒來說都是必要的。

從這個立足點看，佛洛伊德派的方法是行不通的。我們在這件事情上看到兩個極端：佛洛伊德派的極端是把病患以人為的方式小孩化（讓他坐在沙發，分析師坐他背後，整個情境拘泥於儀式）。斯皮茨（René Spitz）在一篇文章中指出，把病患小孩化是分析情境的真正目的，因為這可以讓更多的無意識層面浮現。我認為這個方法的問題在於，病患永遠不會面對原始或者兒時的自己。他反而變成了自己的無意識，變成了一個小孩。某個意義下他變成身在夢中，只不過是清醒地身在夢中。一切都會浮現，但病患卻不見了。

事實上病患並不只是一個小孩。病患（這是假定他不是嚴重的精神病患）有時也會是一個正常、長大的人，有頭腦，有智慧，有各種正常的反應。所以他可以對自己心裡面的小孩產生反應。如果這種面對的過程沒有發生（在佛洛伊德派的方法裡通常不會發生），那麼衝突就不會出現，就不會被啟動。這樣的話，在我看來，治癒的主要條件便不見了。

來自佛洛伊德的另一個極端，是以下的這種心理治療方法：它有時候雖然被稱為分析，但整件事情卻淪為分析師和成年病患之間的心理學談話，病人心裡的小孩完全不會出現。分析師對待病患的態度就像病患心裡面沒有原始的力量，希望透過勸說與親切的態度把病患治癒：「是你母親不好，是你父親不好，但我準備幫助你，你將會發現自己是安全的。」非常輕度的精神官能症可以由此得到醫治，但我知道有些方法要短於五年[1]。我相信，嚴重的精神官能症永遠不能治癒，除非就像佛洛伊德所說的，你能夠挖出或充分揭開病患的無意識層面。

我這裡所主張的是，對病患來說（某個意義下對分析師來說也是如此），分析情境是一種弔詭的處境。病患不只是一個小孩和非理性的人，有著各式各樣的狂想，也不只是一個可以明智地談論自己症狀的成年人。病患必須在同一時間能夠體驗自己兩者皆是，也因此體驗到啟動衝突時的對峙。

在我看來，治癒的關鍵在於這種對峙在病患內心所引起的衝突。那不是可以靠理論引發，也不是可以單靠話語引發。即使像病患在說「我害怕我母親」這麼簡單的話時，他是什麼意思呢？這是一種我們都習慣的恐懼：我們害怕學校老師，害怕警察，害怕某個人會傷害我們。這些害怕都沒有什麼驚天動地的後果。不過，或許上述病患在說他害怕母親時可以這樣形容：「我被放在籠子裡，籠裡有一隻獅子。有人把我放進裡面，關上門。」有時，母親在夢裡也會以鱷魚、獅子，或者老

1 譯註：言下之意是上述方法需要多於五年時間方能生效。

虎的形象出現，攻擊做夢的人。不過，當病患只是說「我害怕我母親」，他就無法傳達出真正的恐懼。

3 有利於治癒的體質因素和其他因素

現在來看其他關於治癒的因素，有些是有利的，有些是不利的。首先是體質因素。我前面說過，我相信體質因素極為重要。事實上，如果你在三十年前問我對體質因素有什麼觀感，我一定會很不以為然。我會認為那是一種反動或法西斯主義類型的悲觀主義，因為它不容許改變發生。但在經歷幾年分析治療實務後，我認為假定精神官能症的程度與創傷因素和環境因素成正比，是不能成立的。（不是基於任何理論基礎而是基於我的經驗，因為我甚至對遺傳理論一無所知。）

如果你有一個病患是同性戀者，你又發現他有一個非常強勢的母親和一個非常柔弱的父親，那麼你會用這個來解釋他的同性戀原是無可厚非。不過你後來又有十個病患，他們一樣有柔弱的父親和強勢的母親，但卻不是同性戀者。換言之，你有的是相似的環境因素，但它們的影響力卻大相逕庭。所以我真的相信，除非你處理的是我前面談到的重大創傷因素，否則如果你不考慮體質因素的話，將無法了解精神官能症的成因。某些體質因素會讓環境因素變得具有高度創傷性，但其他體質因素卻不會如此。

當然，我的觀點和佛洛伊德派觀點的差異在於，佛洛伊德談到體質因素時，基本上認為他就是在談力比多理論（libido theory）下的本能因素。我相信體質因素要包含更廣。我不會在這裡試著解釋，但我認為體質因素不只包括通常被認為是性情氣質的那些因素，還包括生命力、對生命的愛、勇氣和很多其他我甚至不想提的因素。換言之我認為一個人在基因的影響下，一出生便定型化。一個人的生命問題就是生命會對這個以某種方式誕生的人有什麼影響。我認為，對分析師來說，有個很好的練習是，琢磨生命環境如果對這個人有利的話，那根據他的體質因素，他會成為什麼樣的人？又如果這個人受到生活與環境的特殊扭曲和損害的話，他會成為什麼樣的人？

其中一個有利治癒的體質因素是生命力的程度，特別是愛生命的程度。我個人認為，如果一個人相當自戀，甚至相當亂倫固著，他可能會得到相當嚴重的精神官能症，但如果他對生命有愛的話，情形可以完全不同。羅斯福和希特勒的對比是很好的例子。兩個人都相當母親固著（儘管希特勒的固著比羅斯福要更惡性和更頑固），但兩人之間的決定性區別，是羅斯福對生命充滿愛，而希特勒對死亡充滿愛。希特勒的目標是摧毀，是一個甚至連他自己都意識不到的目標，因為有多年時間，他都相信自己的目標是拯救。但他的目標其實是摧毀，任何會導致摧毀的事都吸引他。所以這裡談的是兩個性格中都有明顯自戀成分和母親固著成分的人（儘管程度有點不同），然而兩人在愛生性和戀屍癖的相對程度上卻截然不同。如果我遇到一個病得很重但又相當有愛生性的病患，我會相當樂觀。如果我遇到一個病患，他除了各種不利的條件之外，還有相當多的戀屍癖和相當少的愛生性，我對治癒的前景就會相當悲觀。

還有其他決定分析治療成敗的因素，我只想簡單說明。它們不是體質因素，而我認為它們很容易在頭五回或頭十回的分析治療中被觀察出來。

（一）病患是不是已經受罪到了極點。我知道有位精神治療師只接受已經試過在美國能找得到的每一種治療方法但仍未治癒的病患。這當然可能是他也治不好病患時的最佳藉口，但它卻是一個很好的標準，可以判斷病患是不是已經受罪到了極點。我認為找出這一點非常重要。沙利文（Harry Sullivan）過去也非常強調這一點，儘管強調的方式有些許不同：病患必須證明他需要治療。這並不表示病患必須對自己的病有一套說法。沙利文顯然不是這個意思。他是指病患不可以抱著以下的念頭去找他：「我生病了，你是保證可以治好病患的專家，所以我來找你。」如果我要在辦公室牆上貼上什麼格言，我就會貼上這一則：只有人來了是不夠的。

所以分析治療的首要工作非常重要：幫助病患繼續不快樂而不是鼓舞他。事實上，任何試圖沖淡病患的痛苦的鼓舞，對分析治療的進展斷然有著不好的效果。我認為除非覺察到內心最巨大的痛苦，否則任何人都不會有足夠的動力做出分析治療時所要求的極大努力。在這種狀態中全然不是壞事，那要比身處在既不痛苦又不快樂的陰影之地好得多。痛苦畢竟至少是一種非常真實的情感，是生命的一部分。用看電視來忘記痛苦反而是一種虛無狀態。

（二）病患多少知道生活應該是什麼樣子或可以是什麼樣子，也就是多少知道自己想要什麼樣的生活。我曾聽說有些病患去找分析師看診是因為他們不能寫詩。這是一種極例外的情況，儘管不如我們所以為的罕見。但很多病患是因為不快樂而找上精神分析師。光是不快樂是不夠的。如果一個病患告訴我他想要接受分析是因為他不快樂，我就會說大部分人都是不快樂的。光是這樣不足以讓我願意花幾年時間就一個人進行非常耗精力和困難的分析。

一個人知道自己的人生想要什麼，與教育程度、聰明才智無關。病患對人生沒有見解的情況並不奇怪。我們的教育系統雖然龐大，但人們並沒有從中獲得太多他們想從人生得到什麼的啟發。不過，我認為分析師也有職責在一開始就摸索病患除了想要人生更加快樂以外，是不是還有別的想法。住在美國大城市的病患有很多口頭禪，例如他們想要表達自己的想法。但那只是口頭禪。我認為分析師不可以滿足於停留在口頭禪，而是必須直探底蘊：病患的真正動機何在？他真正想要什麼？他尋求分析治療的目的為何？

（三）病患的認真程度。你會發現很多自戀的人會跑去找分析師純粹是因為他們喜歡談自己。事實上，除了分析師，你還能夠找誰？一個人的妻子、朋友或子女都不會連續幾小時聽他談自己：我昨天做了什麼，為什麼要做，諸如此類。就連酒保都不會聽那麼久，因為他們有別的客人要招呼。所以，只要花三十五美元或諸如此類的數目就可以找到一個人願意花大量時間聽你說話，何樂而不為？當然，作為病患，我必須談心理學相關的話題。我不可以談繪畫音樂。我必須談我自己，談我為什麼不喜歡我的丈夫或妻子，或我為什麼喜歡我的丈夫或妻子，諸如此類。而這種病患也是必須排除的，因為分析師沒有治療他們的必要理由，除非是他想要多賺點錢。

（四）另一個與此非常密切相關的因素是，病患區分平庸與現實的能力。我認為大部分人的談話都是平庸的。如果你們不見怪的話，我認為平庸的最佳例子是《紐約時報》的社論。我所謂的平庸不是和聰明相對，而是和真實相對，是指不真實。每次讀《紐約時報》有關越南的報導，我都會覺得無比平庸，這純粹是因為它們不真實，因為它們是虛構的。例如當它報導美國軍艦對沒有人知道是什麼的目標開火時，就說這是為了要把世界從共產主義手中拯救出來。這就是平庸。人們談自己的生活的方式也是平庸的，因為他們老是談不真實的事情：我丈夫做了這件事或那件事，他得到了晉升或者沒有得到晉升，我應該打電話給我的男朋友或不應該……這一切全是平庸的，因為它們沒有碰觸到任何真實的東西，碰觸到的只是合理化的藉口。

（五）另一個因素是病患的生活環境。他能成功克服多少精神官能症，完全取決於他所處的環境。某種精神官能症可能是一個推銷員可以挺住，卻是另一個大學教授無法度過的難關。我並不是指文化程度的差異，純粹是指高度自戀和攻擊性的行為不會見容於一所小型大學，當事人一定會被開除。如果他是個推銷員，他也許會極端成功。有時病患會說：「醫師，我就是不能再那樣下去。」我的標準回答是：「我看不出來你為什麼不能這樣下去。你這個樣子已經三十年。數以百萬計的其他人直到踏入棺材，一輩子都是這個樣子，所以我看不出來你為什麼不能繼續這樣子下去。我可以明白你為什麼不想要那樣子，但我需要你給我一些證明來證明你不想要，或證明為什麼你不想要。」他說自己「不能再那樣下去」不是真的，那只是一種口頭禪。

（六）我最想要強調的因素是病患的積極參與。這回到了我先前說過的話。我不認為任何人光靠說話，或是顯露自己的無意識便可以獲得治癒。這就像任何人如果不付出很多努力、不經歷很多犧牲和冒險，就不可能獲得任何重要的成就。如果我可以用常常出現在夢境中的象徵語言來比喻的話，那就是我們必須穿過人生路途上的很多隧道。這表示我們有時候會身在黑暗中，這時候我們會害怕，但我們仍然相信隧道會有出口，出口處將是一片光明。我相信在這個過程中，分析師的個性扮演非常重要的角色。他必須像個好同伴，必須像個好登山嚮導。他不會揹顧客爬山，而是有時會告訴顧客：「這條路比較好。」他有時也會伸手輕推顧客一把，但他做的事僅止於此。

（七）這帶出了我要說的最後一個因素：分析師的個性。這個題目當然足夠讓人講一場演講，但我在這裡只想提少數幾點。佛洛伊德已經提出一個很重要的觀點：分析治療中不可以作假和欺騙。應該讓病患從一開始就感覺到，分析治療和他平常所體驗的世界有所不同：分析治療是一個真理的世界，沒有作假，一切都是真實。其次，應該讓病患感覺到不應該說些平庸的話，分析師會提醒他這一點，而分析師本人也不會說些平庸的話。為了做到這個，分析師當然必須知道平庸和不平庸的分別，這是相當困難的，在我們所生活的世界尤其如此。

另一個對分析師非常重要的要求是不能感情用事：在醫學或精神治療中，行醫者都不是靠著仁慈醫好病人。這話也許會讓有些人感覺刺耳，而我也相信我的話會被引用為對病患冷酷無情的例子，說我缺乏同情心和霸道。好吧，也許真的是這樣。不過，那不是我從自身的經驗，或從病患那裡得到的體會。因為有非常不同於感情用事的方式，是分析治療的基本條件之一：自己體驗病患所說的話。如果我無法自己體驗到何謂思覺失調、憂鬱、施虐癖、自戀，或害怕死亡，我就不會知道病患說的話是什麼意思。又如果我不這樣嘗試，我就沒法觸及病患。

有些人對某些事情可能有獨特偏好。我記得沙利文說過，有個充滿焦慮的病患找過他一次之後就沒有找他第二次，原因是他對病患說的那些事情毫無同情心或同理心。這沒有什麼不妥。一個分析師不應該收這類病患，但這不妨礙他可以稱職地治療那些他可以同理的病患。

分析師感受到病患的感受，是分析治療的一項基本要求。這就是為什麼對分析師進行分析治療，更勝於分析治療其他人。因為分析師在分析他人的過程中，只要他是真的在努力體驗病患的體驗，那他自己的想法幾乎都會浮現出來，都會被觸碰到。不過如果他心裡想：「病患要付錢看病真是可憐蟲。」那他的分析當然只是知性的，永遠不會對病患有說服力。

分析師這種對病患的態度當然不是感情用事，但其中也不乏慈悲心，因為分析師會深深感覺沒有發生在病患身上的事情，也不會發生在自己身上。當分析師把發生在病患身上的事情當成自己的經歷，他對病患就不會再有價值判斷或道德判斷或憤怒感。又如果分析師不能把病患的體驗納為己有，那我就不認為他能理解病患。在自然科學中，你可以把材料放在桌子上去量度它，但在分析治療的環境中，光是由病患把材料放在桌子上是不夠的。因為如果我不能由自己看見它是真實的，它對我來說就不是一件事實。

最後，很重要的是，應該把病患視為戲劇裡的英雄，而不是一些情節的高峰。事實上，每個人都是戲劇裡的英雄。我說這話不是感情用事。例如，有個人擁有一些天分，但卻常常失敗，所以，他的人生乃是巨大的奮鬥，要從極大的障礙中憑自己的天賦成就些什麼。就連最平庸的人在某個意義下都是極為有趣的：他被拋入這個世界，落在一個他本來並不想要、也一無所知的地方，必須以某種方式開闢道路。事實上，偉大的作家之所以偉大，正在於他們能夠展示一個人在一個意義下是平庸，但在另一個意義下又是英雄。這裡只舉一個例子。巴爾札克筆下的人物大部分原本是平淡乏味的，但在作家的描寫中又變得極為有趣。我們不是巴爾札克，所以寫不出這樣的小說。但我們應該培養在一個病患或任何我們感興趣的人身上看出一齣人間戲劇的能力，不只是把對方看成是有著這種或那種症狀的人。

要結束前，我想談一談治癒精神官能症的前景。我相信我所謂的良性精神官能症有很好的治癒機會，但惡性精神官能症的治癒機會卻不是太好。我不會指出它們的百分比，首先是因為那是一種業界的祕密，其次是必然會引起很多爭論。儘管如此，我認為一般的經驗是，嚴重的、惡性的精神官能症治癒機會不是太高。我不認為這有什麼好丟臉的。如果在醫學中有一種嚴重的疾病，而你又只有一種5%治癒機會的方法（我認為分析治療的治癒機會略高一些），那麼，在沒有更好的方法的情況下，那5%就是機會最大的治癒方法，醫師、病患、病患的親友都一定樂於使用。不應該看不見良性精神官能症和惡性精神官能症的分別，也不應該在分析治療一開始就抱著一種度蜜月的情緒，認為分析治療可以治癒一切。分析師也不應該以這種或那種方法騙自己，認為病患的情況沒有那麼嚴重，不是那麼沒有希望。即便是在那些病患沒康復機會的個案裡，好的分析治療至少可以達成一種效果，那就是在進行分析的時間裡，病患會覺得那是他人生中最重要和最美好的時光。我想很多治療都做不到這一點，不過對那些與治癒機會非常低的病患奮鬥的分析師來說，這至少是一個安慰。

非惡性精神官能症有較佳的治癒前景。對於輕症，我建議採用比兩年分析短得多的方法來治療，也就是放膽以非常直接的方式進行治療，讓本來需要兩百小時才可以獲得的效果可能在二十小時內就獲得。在可以使用直接方法的時候使用它們沒有什麼好羞愧的。

Part 2
精神分析治療面面觀

佛洛姆和蘭迪斯（Bernard Landis）於一九七四年在羅諾（Locarno）為美國心理學學生合開討論課，為期三週。透過整理自課程錄音的文稿，不只讓人對心理治療師佛洛姆有第一手的認識，還能知道他對性格官能症的見解，和治療這種病症的方法。

4 什麼是精神分析

精神分析的目標

我想用以發端的問題，同時也是所有後續發問的一個基本問題：精神分析的目標何在？這是一個非常簡單的問題，我想答案也非常簡單：認識你自己。「認識你自己」是一個非常古老的人類需要，從古希臘到中世紀再到現代，你都會找到以「認識你自己」作為認識世界的基礎。愛克哈特（Meister Eckhart）以非常強烈的方式說過：「認識上帝的唯一方法是認識你自己。」「認識你自己」是人類最古老的抱負之一。而這個抱負或目標，根植於非常客觀的因素。

如果我們不認識我們賴以行動和下決定的工具，我們又要如何認識世界、如何正確地生活和作出反應？「我」是我們的嚮導、領導者，它以某種方式成功地生活在世界上、下決定和擁有價值觀。如果這個「我」，這個下決定和行為的主體，未能正確地為我們所認識，那就表示我們的所有行為和所有決定都是在半盲和半醒的狀態進行。

我們必須考慮到人不像動物那樣，具有天生的本能。本能告訴動物如何行動，所以牠們除了本能告訴他們的事情以外，不需要知道任何事情。不過，這種說法有一個但書，因為在動物王國裡，甚至演化程度非常低的動物都需要學會一些事情。本能無法在沒有最起碼學習程度的情況下運作。但這不是最重要的。動物基本上不需要認識太多事情，儘管牠確實擁有一些透過記憶保留的經驗。

然而人卻必須知道一切才能下決定。他的本能不會告訴他如何決定，只會告訴他：必須吃喝、保護自己、睡眠，也可能包括應該生小孩。大自然的花招是賦予人類性快感或性滿足，但這種驅力並沒有人的其他本能需要那麼強。所以，「認識你自己」不但從宗教、道德或人性的立場來說是必要的，從生物的立場來說也是不可或缺的。

這是因為生活的效率仰賴我們認識自己的程度。我們越是認識自己，我們顯然越能作出恰當的決定。反之，我們越不認識自己，我們下的決定必然會更加不明所以。

精神分析不只是一種治療方法，還是一種供人自我理解的工具。也就是說，它是讓人自我解放的工具，讓人掌握生活的藝術的工具。在我看來，這是精神分析最重要的功能。

精神分析的主要價值在於為人格帶來精神層面的轉換，而不是治癒症狀。如果沒有其他更好、更快的治癒方式，則用精神分析來治療也無妨，不過精神分析的真正歷史重要性，在於你也會在佛教的思維方式中找到那種取向。自我覺察（self-awareness），也就是正念，在佛教修行中具有核心作用，可讓人獲得比一般人更好的生活狀態。

精神分析主張「認識你自己」可以帶來治癒。這種主張早見於《福音書》中：「真理必叫你們得自由。」為什麼有關一己的無意識的知識，也就是充分的自知之明，可以幫助人擺脫症狀，甚至變得快樂呢？

佛洛伊德的治療目標與我的批評

我首先想談談古典的、佛洛伊德派的精神分析治療目標。佛洛伊德曾指出，治療的目標是要讓一個人能夠工作，以及在性方面能夠發揮功能。用更理想和更客觀的方式來說，精神分析的目標是讓一個人能工作和繁殖。這確實是社會的兩大需要，社會會依此要求每個人。這表示社會會誘導成員，灌輸他們應該工作和生兒育女的觀念。其實基於很多理由，我們本來就會這樣做，國家要誘導人民這樣做並不難。但如果國家需要更多的孩子，就需要祭出各種手段。

佛洛伊德對於何謂精神健康的定義，基本上是一個社會定義，也就是說，在社會意義下的正常就是精神健康。人會按照社會塑造的規範運作。症狀也是由社會決定。當一種症狀讓人難於以社會期望的方式運作，它就是症狀。例如毒癮就被認為是一種嚴重的症狀。抽菸上癮卻不是。為什麼？在心理學上說，兩者是一樣的事。但從社會的角度看，兩者的差異卻極大。如果你服用某種毒品，你會在很多情況下無法發揮你的社會功能。但如果你因為抽菸而死，不會有人在乎。如果你死於肺癌，那並不是一個社會問題。反正人總是會死的。如果你是在五十歲死於肺癌，那麼你的死對社會便無大礙，因為你該生的子女都已生出來，你已經在社會工作過，貢獻過你精力最充沛的歲月。五十歲死於肺癌並不好，但卻對你的社會功能沒有影響。

只有會影響社會功能的症狀我們才稱為症狀。這就是為什麼一個人雖然沒有一丁點主觀經驗，只能完全以現實眼光看待事情會被認為是健康的人，雖然他病得就像一個無法認清現實的精神病患一樣嚴重。（精神病患不能認知現實，不能把現實視為可擺布和可操縱，但他卻在他的內心體驗到某種幽微的情感，那是所謂的正常人所無法企及的。）

佛洛伊德對於何謂精神健康的定義，基本上是一個社會定義，而之所以如此，因為他是時代的產物，從未質疑過自己的社會。佛洛伊德從來沒有批評自己的社會，只覺得它的性禁忌太過強烈，應該稍微降低一點。佛洛伊德是個極端拘謹的人，他若是得知今日性放縱的風氣肯定會大為震驚。有人稱今日的性風氣是社會接受了佛洛伊德學說的結果，事實並非如此。這風氣和佛洛伊德沒有多大關係，乃是普遍的消費主義的一部分。

佛洛伊德用哪些理由來解釋他為精神分析所設定的目標？簡單地說，在佛洛伊德看來，治癒方法與病患童年早期的某一件事有關。這事件是被壓抑著的，因為它被壓抑著，所以仍然會產生影響，基於所謂的強迫性重複（repetition compulsion），一個人會被這件童年早期的事件綁住。這事件不僅因為慣性而永遠不停地產生作用，還因為「強迫性重複」而讓病患不斷重複同一個模式。如果這種模式被帶到意識表面，讓它不只在知性上、也在感情上被回憶起來（佛洛伊德稱之為逐步化解〔working through〕），那麼創傷的力量就會被打破，而當事人也可以擺脫這股被壓抑的影響力。

我對這理論的有效性抱持很深的懷疑。我首先想告訴各位我在柏林精神分析學院求學時期的一件往事。有一天，教授們就一個病患有多常回憶起他的童年早期創傷經驗進行了長時間討論（這種時候我們學生通常在場）。大多數教授都說童年早期創傷極少發生。我聽完後非常驚訝。我是一個忠實的好學生。我本來一直都相信佛洛伊德的說法，但現在卻突然聽說被認為是治癒基礎的事情極其罕見。（教授們當然想到了解決辦法。他們說創傷會在移情中重新出現。但我現在不會深入談這個。）

我認為創傷事實上相當罕見，而且通常是單一經驗。必須是非常異乎尋常的創傷才能夠產生強烈效果。但很多事情卻被說成創傷，例如父親在盛怒之下在兒子三歲時打了兒子一次。拜託，這可不是什麼創傷性事件。那是完全平常的事情，因為能真正造成影響的是父母和家庭的持續氣氛，不是單一事件。只有在非常罕見的情形下，單一事件才會有真正的創傷效果。今日人們把錯過火車或在什麼地方的不愉快經驗稱為創傷。但根據定義，創傷是一件超出人類神經迴路能夠忍受的事件。由於人無法忍受創傷，創傷就會烙下很深的傷痕。但由於這個意義下的創傷非常罕見，一般所謂的創傷其實是人生中常見的尋常事件，沒有什麼影響力。有影響力的是一種持續的氣氛。

創傷事件不會發生在特定的年紀。任何年紀都可能出現創傷，但同一種創傷事件發生的時間越早影響力越大。另一方面，小孩的恢復力也同樣更大。這是一個真正複雜的問題。我只是要提醒各位慎防濫用創傷一詞，濫用的情形在今日很常見。

我看過很多人在接受分析治療的過程中發生轉變。我也看過很多人沒有轉變。然而還有些人是沒有接受過分析治療便發生轉變。以下有一個我們在過去兩年來看到的簡單例子。有很多人大力支持在越南的戰爭，例如保守的空軍軍官和諸如此類的人。他們待在越南，親身經歷戰爭。他們看出越戰的無意義和殘忍，然後他們突然間經歷了舊時人們所謂的幡然悔悟，也就是他們對世界有了完全不同的看法，從贊成戰爭改為甘冒生命危險或失去自由的危險去阻止戰爭。你無法從外表認出他們是對戰爭想法不同的人。這種轉變的能力不是大多數人具有，因為大多數人已經變得太麻木不仁。但這種深刻的轉變是可以發生在分析治療之內或之外。我們在這方面有很多證據，可以一次又一次地看到。

佛洛伊德如何看親子關係和我的批評

即使只有讀過佛洛伊德一些作品的人都會知道他極端有批判性，特別是在「有意識想法和無意識動機的關係」這個特定主題上。我們當然不能指控佛洛伊德不是有意識想法的激進批評者。然而，對於他所生活在其中的社會，對於那個社會的規則與價值觀，佛洛伊德基本上是個改革主義者，也就是他採取的態度和一般的自由派中產階級一樣。這種態度認為：「這個社會環境基本上是全世界最好的一個，不過仍然有可以改善的地方。例如，我們可以讓和平維持得更長久，讓囚犯受到比較好的對待。」中產階級從來不會問激進的問題，例如不會問罪與罰的問題。我們的整個罪與罰系統是完全建立在階級結構之上。他們從來不會問：「罪犯之所以成為罪犯，是否因為這是讓他可以找到最大滿足的方式，而這種滿足是他無法用其他方式找到的？」我不想在這裡為竊賊或盜匪辯護，並認為有另一個面向可討論竊盜行為會讓人感到不快樂。儘管如此，我們的整個刑法系統還是建築在把大多數人是弱勢和少數人是特權視為天經地義的社會結構上。中產階級不問激進的問題，也表現在主張裁軍的非激進和平主義，該主張認為簽下和平協議就可以確保和平。

所以精神分析是透過改革意識而為人帶來較好生活的行動。但它沒有激進地質疑既有社會的價值與結構。出於同情，佛洛伊德與當權者站在同一邊。你可以從佛洛伊德對第一次世界大戰的態度中看出這一點。他直到一九一七年都相信德國會戰勝，而當時大部分人已對戰事的發展有較深入的了解，不再一味地相信德國會取勝。佛洛伊德在一封從漢堡寄出的信中寫道：「我非常高興人在漢堡，能夠說：『我們的士兵，我們的勝利。』」他這樣說是因為漢堡在德國境內。這在今日看來真的可怕。我們必須明白狂想效應（fantastic effect）、訊號效應（signal effect）對良知的影響，它讓最聰慧的人，與在其他方面堪稱正派的人，在第一次世界大戰中一樣不能免俗地支持德國。

這種情形我們只有拿來和越戰相比才能明白。第一次世界大戰的可悲之處，其中之一是幾乎沒有人反戰。愛因斯坦是少數的例外，他拒絕為戰爭背書，但絕大多數的德國和法國知識分子贊成戰爭。所以佛洛伊德的話並沒有什麼不尋常，不過有鑑於那是在戰爭晚期所說，因此語氣顯得有些強烈。寫這段話的佛洛伊德在一九二五年和愛因斯坦通信時還自稱是「和平主義者」。

佛洛伊德是怎樣看待兒童的？起初聽病患說他們曾被父母勾引時（父親勾引女兒，母親勾引兒子），他相信這些說法是事實。就我所知，它們也十之八九是事實。費倫齊（Sándor Ferenczi）在晚年也這樣相信。但佛洛伊德很快就改變觀點，改稱這些說法全是天馬行空的想像。父母不會那樣做，他們不可能那樣做，所以事情不會是真的。這些人的子女會那樣說，是在談他們的幻想。他們都有亂倫幻想，想和父親或母親性交。所有這些故事證明了兒童有亂倫的半犯罪性幻想。

正如我們知道的，有關兒童充滿佛洛伊德所謂的多相變態（polymorphous-perverse）幻想的理論構成了精神分析理論的基石。在佛洛伊德看來，孩子不會想別的，只想勾引父親或母親，渴望與他們亂倫。這當然會讓整個精神分析觀點往錯誤的方向傾斜。它首先會讓人產生一個理論假定，也就是這些亂倫幻想是兒童心靈本質的一部分。其次，在分析一個人的時候，你必須假定病患報告的這一類事情全都是出於幻想並且有必要進一步分析，但並不代表現實。

基本上，佛洛伊德的原則是：「有罪」的是孩子，不是父母。這一點在佛洛伊德自己處理的個案史中顯示得很清楚。我曾經和幾位同事在〈評論「小漢斯個案」〉（Comments on 'The Case of Little Hans'）一文中指出，佛洛伊德總是為父母辯護，甚至是那些最自私和最有敵意的父母。責任和罪名總是由孩子來扛。這樣的孩子因為有亂倫幻想，所以當然會想要殺死父親，強暴母親，是佛洛伊德所說的「迷你罪犯」（mini-criminal）。

對於這幅孩子是「迷你罪犯」的畫像，我們必須彈性地理解為出於為父母權威辯護的需要。如果瀏覽大部分孩子的人生，你當然會發現父母之愛是歷來最大的虛構之一。就像連恩（Ronald Laing）非常正確地指出的，父母之愛通常不過是用來掩飾父母控制子女的權力。我不是說沒有例外的情況。確實有愛子女的父母，我自己就看過一些。但整體來說，如果你閱讀歷代父母對待子女的歷史，又如果你讀今日的歷史，你會發現大部分父母的興趣在於控制子女，而他們的愛是一種我會稱為「施虐狂」層次的愛：「我是為你的最佳利益著想，如果你不反抗我的控制，我就會愛你。」

那是一種父權制社會的愛。自從羅馬時代起，子女就是財產，而至今仍是財產。父母至今仍然有絕對的權利可以任意處置子女。現在有些國家嘗試改變這一點，會在有強烈理由相信某個人不配為人父母時召開法庭，剝奪其養育子女的權利。問題是，法官本身就是父母，而且是一樣無能的父母，試問他們又要怎樣做出判決？母親對子女當然有半本能性和有點自戀的愛，但到了小孩顯示出自己有個人意志的第一個徵兆之後，母親控制和擁有孩子的慾望就變成是主導性的。對大部分人來說，他們獲得力量感、控制感和重要感的方法就是生養孩子。因此，我所說的這些不是故意要詆毀父母，而是非常自然的。你會看到英國上層階級基本上並不關心子女。在歐洲上層階級的家庭裡，孩子都是由女家庭教師照顧，當媽媽的有太多外務（她們需要談情說愛、辦派對、騎馬養馬等等），無暇管孩子。

當占有慾成為人們性格結構中的主導特徵時，小孩就會被視為財產。固然有些人不是以占有慾為性格中的主導特徵，但這樣的人在今日非常稀少。所以把小孩視為財產是非常自然的，小孩也非常習慣，認為天經地義，因為社會說那是自然的。這種共識從《聖經》便開始，因為《聖經》上說：「叛逆的兒子必須用石頭打死。」好吧，我們現在已經不再這樣做，但在十九世紀，一個叛逆兒子所受到的懲罰仍然非常嚴厲。

如果我們分析父母之愛，我會說那基本上是一種人類的本能，是很好理解的事，是我們極能感同身受的事。然而對大多數人而言，對子女的態度較佳者是良性的占有，較差者是惡性的占有，也就是加以體罰和傷害：以各種方式傷害，用他們自己甚至不知道是傷害的方式傷害，包括傷害自尊，讓一個又敏感又聰明的小孩感覺自己愚蠢，什麼都不懂。有時就連最善意的父母都會這樣做，把子女像展示小丑那樣展示在別人面前，壓抑小孩的自信、尊嚴和自由。

佛洛伊德和社會的主宰階級同聲共氣的態度，對他的兒童理論構成了極大扭曲，也對他的治療方法帶來極大扭曲，因為這位分析師讓自己成為父母的捍衛者。但我認為分析師應該當父母的指控者。一個分析師應該有客觀的立場。如果他追隨建制成為父母的捍衛者，他對病患就不會有太多好處。為了精確，我要補充說，我們不應該只是著眼於整個家庭系統，還應該著眼於整個社會系統，因為家庭只是社會的一個切片，一個例子。

當我指出佛洛伊德認為兒童有罪時，我並不是想說兒童總是無辜的，也不是想說父母總是有罪。我想我們對每例個案都必須加以全面研究，這樣才會知道小孩在什麼程度上助長了父母的反應。有些父母對某些類型的小孩就是很敏感。例如一個非常敏感和有點羞澀的母親生了一個有侵略性和有點殘忍的小孩（這種天生的性情氣質在出生後第八週就可以看出來），那麼她將會無法忍受她的小孩。這樣的情況真是太糟糕了，因為你大可以說小孩因為天生就是那個樣子，所以不應該被怪罪，而他的母親也不應該被怪罪，因為她就是無法控制自己。

有些小孩生性糟糕，有些小孩生性高傲。佛洛伊德就是這樣一個小男孩，他對待自己父親的態度高傲得嚇人。他尿濕了床之後對父親說：「我長大之後會買城中最好的床給你。」他沒有像大部分小孩會做的那樣向父親道歉，反而是自信十足。有些父親會無法忍受這樣高傲的小孩，換言之小孩基於自己的性情會助長父母的反應。那種認為自己生的小孩一定和自己性情相投的想法只是一廂情願。這種事畢竟是一次基因摸彩，你並不總是會成為贏家。

童年經驗與治療過程的相關性

我深信很多發生在人生頭五年的事情對一個人的發展確實非常重要，但我又認為很多在後來發生的事情一樣重要，可能會為一個人帶來改變。

佛洛伊德的「強迫性重複」概念，即人生的主要事件都是發生在人生的頭五年，後來只是這些事情的反覆上演，在我看來太機械化了。我認為人生中沒有事情會重演，只有機械性的事物會重複。另外，各式各樣的事情也可能為一個人帶來改變，儘管我會非常強調體質的因素。佛洛伊德就曾經在理論上這樣認為，但我相信大部分分析師，尤其是社會大眾都會認為，一個人會變成什麼樣子是由父母對他所做的事情造成。然後他們會聽到這種你經常在分析治療中接觸到的悲傷故事：「我父親不愛我，我母親不愛我，我祖母不愛我，所以我成為一個爛人。」要這樣歸咎是很容易的，它讓所有責任都落在你身邊的人身上。

在每個人的成長過程中，都可以證明童年時期的某些因素已經為將來的發展奠下基礎，但後來遭遇的事件同樣有可能會增強或者弱化這些因素，所以你不能說後來遭遇的事件對人的發展沒有貢獻。在我看來，早期事件不會決定一個人，只會讓他產生某些傾向。這表示我相信早期發生的事件不必然會決定一個人，但他越往事件引導他前往的方向走，他這方面的傾向就越大。不過，透過奇蹟，改變一樣可能發生。

精神分析的目的是深入了解病患當下的無意識歷程。精神分析不是個人史研究。我們想要知道、我們想要得到的是，此時不知不覺地發生在病患內心事件的X光片。這是我們的目標。然而病患常常只有在經歷過某些類似童年的經驗時才能明白，因為那會指向他當前沒有覺察的事物。這種情形有時會發生在移情中，有時會發生在他記起某些童年有過的經驗時，有時會發生在夢中。

它有時會出現在三十年前當病患還是十七歲時的夢境中。但我的目標不是個人史研究。我的目標是以最清晰的方式覺察到病患當下沒有覺察到的事物。不過為了達到這個目標，我常常（也許是大部分時候）都有必要看見病患童年時期經歷過什麼。事實上，當我分析自己的時候（我每天都會這樣做），我會相當刻意地去感覺我在五歲和十五歲的時候對於這個或那個是什麼感覺。我試圖看看我心中有哪些感情，我設法不斷和我的童年保持連結，讓它保持活躍，因為它可以讓我認識到和覺察到我心裡有什麼是我本來沒有覺察到的。所以我的目標不是個人史研究。

很簡化地說，佛洛伊德認為，如果你能夠把非常重要的童年經驗，也就是童年的致病經驗帶入意識（不只是帶入知性意識，並且帶入情感意識），那麼透過這個過程，病狀就會消失。這種理論後來變成了什麼樣子？在很多精神分析師和大眾心中，它可以被稱之為佛洛伊德派發生學（Freudian genetic）的解釋。我聽過很多以下這樣的例子：有人問一個人：「你的分析治療顯示出什麼？」對方回答：「我會有這種或那種症狀，是因為……」換言之，他得到的是一種個人史性質的因果性解釋。這種解釋本身當然沒有任何治療價值。你光是知道為什麼某件事情會發生並不會改變任何事情。

我想請各位注意一個可能不容易理解的區別：一方面是體察到自己內心正在發生的事情（本來被壓抑的事情突然浮上意識），另一方面是作出推測性的個人史解釋（其公式是「因為發生這件事，所以才會發生那件事」）。由於人們極少能夠發現原初童年的經驗，並且在真實的意義下回憶起它們，所以常常以得到推測性的個人史解釋為滿足：必然發生過那樣的事情，又因為發生過那樣的事情，你才會是這樣和那樣。這種方法是沒有用的。如果一個人已經溺水了，即便他懂得萬有引力的法則，他一樣會溺斃。

童年經驗只有被再度經歷的時候，例如在被回憶起來的時候，才具有重要性。

退一步說，關於童年的知識可以幫助我們了解正在發生的事，因為它們可以提供理論基礎，讓我們對這些童年環境和我們可以如何預期作出一些假設。

精神分析真正重要的不是建構個人史，而是我所謂的X光方法。重要的是找出在當下驅使、激勵我或其他人的力量，情形就像我藉由拍一張X光片（這就是我使用這個比喻的原因）來看見我用普通視力看不見的事物那樣。如果一個人拍了一張胸部X光片，他會看出來自己二十年前得過肺結核，因為X光片會顯示他的肺部組織留有疤痕。但你感興趣的不是他在二十年前得過什麼病，而是那個人的肺部健康現況，X光片有顯示什麼異樣嗎？如果你想透過分析治療，或光靠你自己了解某件事，那麼首先要問有什麼正在無意識地進行著，我可以感受到有什麼無意識動機正在決定我的行為，而不是問過去發生了什麼我可以用來解釋現在發生的事情。

精神分析理論與心理治療的相關性

就如我們所知的那樣，佛洛伊德的理論本質上是一種本能主義理論，也就是把一切看成出於本能，然後又認為環境會透過性格來扭曲本能。所以理論上，精神分析幾乎可以說是站在本能主義的一邊。但在實踐上，你又可以說精神分析師其實是環境主義者。佛洛伊德派也是如此。他們大致上遵從一項簡單的原則：每個小孩都是父母形塑而成的產物。如此，決定一個人的命運的，完全是環境的影響力，而不是佛洛伊德所說的「體質因素」。佛洛伊德本人要慎重得多。他說過，體質因素，也就是我們與生俱來的遺傳因素，和環境因素是並存的，兩者的比重在每例個案都有所不同。你會發現有些人的體質因素更加有力，發現另一些人的環境因素更加有力，但它們是同時存在的，兩者是一個連續體。在連續體的一端是體質，在另一端是環境。

在精神分析的實踐上（我想美國大眾也是如此），奉行的簡單公式是把體質因素排除，認定一切都是環境的結果。這種想法當然也認為父母要對一切負責。其實，他們在一個意義下有責任，但在另外一個意義下沒有責任，因為今日的媽媽都會去上精神分析的課，所以不敢親吻孩子，唯恐會引起伊底帕斯情結，也害怕自己在子女眼中顯得獨裁而導致他們罹患精神官能症。

另一方面，接受分析的病患生活在一種不用為任何事情負責的快樂感覺中，因為他們認定他們只是父母塑造的產物，除了接受分析治療，無計可施。然後他們在分析治療中大談自己父母，但這卻不必然會導致他們改變。

事實上，一個人在父母、體質因素和他對父母的反應之間，存在著不間斷的互動。一個小孩到了四、五歲便會有自己的反應，所以我們不能簡單地說：「我之所以這個樣子，是因為我媽媽就是這個樣子。」我們的母親或父親，或我們的環境，當然是主要的決定力量，但與此同時，我們必須問自己：我們是不是做過什麼努力，好讓自己不去屈服於這些影響力？我們真的完全是一張我們父母可以任意寫上文字的空白紙張嗎？當我們還是小孩子的時候，難道不可能有不同的決定嗎？我們真的是沒有任何意志的嗎？我們真的是完全被環境決定的嗎？

事實上，精神分析的通俗概念很大程度上和史金納（Burrhus Skinner）的新行為主義沒有分別。它等於是說，人是受制約的，因此成為他們所成為的樣子。所不同的是，史金納沒有費事找出黑盒子裡的東西，沒有找出人把制約因素轉變為行為的東西。他對此不感興趣，只要不是和擺布人有關的事情他都不感興趣。但如果你把佛洛伊德派的理論觀點加進去，那等於是說：「人是受制約的，你可以從史金納派的觀點形容分析治療過程是解除制約的一個重大嘗試。」病患的母親說過：「如果你不離開我，我就愛你。」分析師則說：「如果你離開她，你就是一個好病患。」如果這樣子持續好幾年，病患接受了另一組制約，他就會離開母親，改為依賴分析師，形成所謂的移情。又如果病患最後沒有更多理由繼續接受分析治療，就會改為依賴其他人。

有很多人結婚是以妻子作為母親的替代品。在政治上，他們專挑母親型人物或權威型人物作為效忠的對象，以此寄託他們的依賴需要。他們唯一沒有做的，是讓自己獨立起來，只不斷改變他們的依賴對象。這是一個大問題，但不只在佛洛伊德派的分析治療是這樣，這是你在所有分析治療中都會發現的問題。

這一類對制約因素的強調導致人們越來越忽略真正和重要的問題，也就是：他們要做什麼才能讓自己得到解救？他們要怎樣才能有不同的行為？他們要怎樣才能使用他們的少許自由（那是人人都擁有的）？關鍵的問題當然是他們現在能做什麼。這個問題是不受年齡限制的。我有一個七十歲的女病患藉由精神分析確實改變了整個人生。她變得非常活躍，比大多數二十歲的人還要活躍。

總之，在佛洛伊德的想法裡，體質因素至少發揮一定的作用。但今日很多精神分析淪為純粹的制約治療（這是在實踐上而非理論上），而不強調病患的責任。「為什麼我是這個樣子」，這個問題成了大部分精神治療的基本公式。但我想知道的卻是「我是誰」，而不是「為什麼我是這個樣子」。我回答這個問題的方法，是要求人去拍一張X光片，因為僅透過知道「為什麼你是這個樣子」，你永遠不會知道「你是誰」。

沙利文對精神分析的貢獻

沙利文的研究事業開始得非常有趣和非常有說服力。起初，在華盛頓的伊莉莎白醫院（St. Elizabeth Hospital）工作時，他要求院方批准他進行一項實驗。他要讓精神病患住在一間大病房裡，病房的護士都是經過挑選，她們被教導要以人性的方式對待病患。當時還沒有精神疾病治療這回事，當然也沒有精神藥物。他沒有對病患特別做什麼，只對他們表現出極大的尊重，行為也和別的醫師不同。結果，病患的自發痊癒率大大提高。這些病患沒有受到苛待，沒有受到羞辱，被當成人看，這本身就產生了效果，所以他們能夠康復。這是初步證據，證明了精神疾病不只是一種生理性的、器官方面的問題。心理上的改變可以對病患產生治療效果，否則在當時的州立醫院，他們的病情可能會惡化為慢性精神病。

沙利文的發現之所以重要，在於它顯示重要的不是力比多或性本能，而是一個人和另一個人的關係：他稱之為「人際關係」（intersonal relations）。佛洛伊德認為問題的核心是兒童的性吸引力，也就是所謂的伊底帕斯情結，沙利文和他的同事並不認為這是主要問題，甚至不認為這構成問題。問題是病理學上的：家人間的關係出問題會引發思覺失調症。很多其他研究（都是傑出的研究）顯示出致病性家庭（schizogenic family），也就是會導致思覺失調症的家庭是什麼樣子，而連恩特別指出，會產生思覺失調症的並不是特別惡劣的家庭。這些家庭的小孩沒有受到特別嚴重的苛待。但那是一種絕對枯燥乏味、絕對空洞和絕對沒有生氣的家庭，成員之間沒有真正的互動關係，身處其中，小孩對於人際接觸的需要會得不到滿足。

有眾所周知的動物實驗佐證的是，如果小孩缺乏與母親或母親替代品的早期身體接觸，他的進一步發展就會受到重大障礙。對小孩來說，與人身體接觸是極重要的需求。每個人都知道這一點和接受這一點，但很多人卻忘記了和其他人互動的需要，就像最初和母親的身體接觸一樣重要，而且持續的時間要長得多。如果沒有這種互動，小孩不會像斯皮茨描述的那樣死去，因為這種事不會產生嚴重的生理影響。但如果情形特別嚴重，小孩就會變得特別脆弱，特別失調，特別孤單，當張力累積到一定程度之後就會崩潰，變成一個顯性的思覺失調症患者。

沙利文率先努力創建這樣一種思覺失調症理論，認為思覺失調症基本上不是一種器官性疾病，而是心理過程的結果。這當然是對佛洛伊德理論的最大變革之一，因為佛洛伊德曾經宣稱精神病患是無藥可救，是無可分析的。他認為精神病患是那麼的自戀，所以不會與治療師發生移情關係。我仍然認為我們可以把精神病患定義為一個極度自戀的人，也就是說，他認為真正真實的事物只存在他心中：只有他的觀念是真實的，只有他的人格是真實的，外在世界沒有任何真實成分可言。但與此同時，思覺失調症病患常常極端敏感，也相當具有回應他人的能力（只不過他們回應的對象是比一般人更敏銳的人）。很多時候，甚至連緊張性思覺失調症患者也知道正在發生什麼事，會以他們獨特的方式回應。之後再談他們經歷了什麼過程，以及他們是如何了解所發生的事。

沙利文和他代表的傳統是精神分析一個非常重要的新面向，第一次給精神病患完全的人的尊嚴。畢竟，直到法國大革命期間，人們才不再用鎖鏈捆綁精神病患。不過，如果你看一些今日的州立醫院，精神病患固然沒有被鎖鏈鎖起來，但處境也沒有好多少。大多數傳統的精神科醫師仍然把精神病患視為傻瓜，認為他們的思維和我們完全不同。只有少數精神科醫師有能力覺察到我們每個人身上都有思覺失調症的成分，這就好比我們每個人身上都有著躁狂憂鬱症的成分。我們每個人身上更是絕對有著妄想症成分，只是有程度上的差別。在某個程度之前我們稱它為正常的，到了我們無法忍受時便稱之為疾病。所以沒有任何精神疾病的狀態是那麼的與眾不同，足以在人類中間創造出鴻溝。一個精神病患並不是非人類，並不是有別於所謂的正常病患。

我們的「時代病」是精神分析的挑戰

傳統上精神分析被理解為對生病的人的治療過程。如果我強迫性地懷疑一切，如果我有著偏執性懷疑，如果我的手臂因為心理原因而痲痺，這些都是明確的症狀。精神分析不是唯一可以治癒症狀的方法。我去過露德（Lourdes），看過很多人因為信仰得到醫治[1]，從癱瘓和各種嚴重的症狀康復。人們真的得到了治癒，沒有絲毫懸念。現今人們也被很多方法治癒。如果事情只關係到治癒，有很多方法都是好方法。

你也可以用使人感到恐懼作為治癒的方法。第一次世界大戰期間，一位德國醫師發明了一種方法幫助得到炸彈驚嚇症的士兵擺脫恐懼和恐慌：他讓士兵接受會引起極大疼痛的強烈電擊。這位醫師名叫考夫曼（Kaufmann），他的方法被稱為「考夫曼療法」（kaufmann treament）。他的方法無疑是一種醫學方法，也無疑可

1 譯註：露德位於法國，是一處以讓人得醫治著稱的宗教聖地。

以治癒。這方法也是一種折磨，只不過人們對這種折磨的恐懼要大於再次去戰壕打仗。藉由這種使人感到恐懼的方法，人們的症狀被治癒了。用一種更大的恐懼趕走另一種恐懼，對一個人的心靈會產生什麼影響，當然不是考夫曼醫師和軍方感興趣的問題。

不過有很多症狀一樣可以治癒，而且大概只有精神分析能夠治癒，這些症狀包括偏執性懷疑、所有種類的偏執症狀，還有一些歇斯底里症狀。這些症狀有時要治療起來非常容易。讓我舉一個成功來得非常容易的分析治療案例，它只花了幾小時就將一種症狀治癒。曾經有一個女人來找我，抱怨她每次離開家裡都會擔心家裡發生火災，因為她總是不由自主地懷疑自己出門前忘了關瓦斯，或者諸如此類的事情。一想到這個，她就會身不由己地一定要回家去看看有沒有發生火災。這種事乍聽之下沒有什麼大不了的，卻形同毀掉了她的人生，因為那會讓她幾乎不能外出。她必須跑回家，總是無法戰勝自己的擔憂症狀。她還談到她四、五年前動過癌症手術，動刀的醫師事後告訴她，目前危險固然解除了，但癌細胞卻有可能轉移，像火一樣蔓延開來。這當然是一個可怕的前景，任何人聽了都會大受影響，所以她非常害怕癌細胞擴散。她成功地把對癌細胞擴散的恐懼轉移為對火災蔓延的恐懼。這樣，她就不再害怕癌症，只擔憂發生火災，後者雖然一樣會對生活造成干擾，卻可以趕走一種更引人害怕的恐懼：恐懼罹癌。

就在她來找我的時候，她的癌症會復發的機率已經變得相對低（我說過她是大概四、五年前動的手術）。所以，這時候即使驅除了她對火災的恐懼，也不會重新招來她對癌症的恐懼。但換成是兩、三年前，讓她知道她害怕火災的真相對她是否有好處，則令人存疑。因為她知道了的話，她對癌症的恐懼就會捲土重來，而那是一種比她對害怕火災痛苦得多和心煩得多的恐懼。在這裡我們看到，你只要將一種簡單的症狀轉化成病患真正害怕的東西，它就會幾乎即時消失。大部分個案都更加複雜，不過我認為在大部分用得著分析治療的個案中，使用這種症狀分析治療法便已足夠。

在佛洛伊德的時代，大部分找精神科醫師的人都是因為出現一些症狀，主要是歇斯底里症狀，但這些症狀在今日都非常罕見。在這裡，我們看到了一種隨文化模式改變而來的精神官能症風格的改變。歇斯底里是一種情感的大爆發。當你看見一個歇斯底里的人又哭又叫的時候，你也許會聯想到上一個世紀的演講者，或人們寫的情書。今日當我們在電影裡看到這類事物時會覺得非常滑稽，這是因為我們已經有了非常不同的風格。我們現在是一種實事求是的風格，不會流露太多情感。今日，因為與他人缺乏連結而產生的類思覺失調症是最常見的症狀。

在佛洛伊德的時代，人們得到的是色彩鮮明的症狀：不只是歇斯底里，還有強迫症等等。不過，今日去找精神分析師的人大部分都是得了佛洛伊德所說的「時代病」（la malaise du siècle）：我們這個世紀特有的不適。時代病完全沒有症狀，當事人只會感覺不快樂、失眠、人生沒有意義、生活沒有熱情、漂浮不定，和有一種隱隱的身體不適感。他們希望分析治療可以改變這種情況。這種分析被稱為性格分析，因為它是分析整個性格而不是症狀，因為你可以說，這些人得到的是無法用語言文字正確定義的疾病，但卻可以從自己或他人而精確地感受到。

這一類精神分析被稱為性格分析，專門針對因自己而受罪的人。病患沒有碰到不好的事。他們沒有短缺什麼，卻因為自己而受罪。他們不知道拿自己如何是好，而為此感到苦惱。那是一個他們甩不掉的包袱，是他們解決不了的謎。他們能夠破解字謎，但沒能力解決生命提供給每一個人的謎題。

要治療這類型的疾病，我認為古典意義的精神分析是不夠的。我們需要不同種類的方法，因為醫治這種疾病關係到整個人格的徹底改變。苦於這種疾病的人在沒有經過徹底改變和性格改造以前，不可能得到成功的分析治療。小幅度改變並無任何好處。現代的系統理論可以說明這一點。我是指人格（或一個組織）是一個系統的概念。也就是說它們不只是各部分的總和，還是一個結構。如果結構的一部分發生改變，其他部分也會發生改變。結構本身有一種維持自身的傾向。結構傾向於拒絕改變，因為它傾向於維持自身。

對結構進行小改變將不會有太大用處。舉一個簡單的例子。人們常常提出改善貧民窟的方法，是在貧民窟裡蓋較好的房子。那會有什麼後果？在經過三、五年之後，漂亮的新房子會落得和舊房子一個模樣。為什麼？因為教育沒有改善，收入沒有改善，健康沒有改善，文化模式沒有改善。也就是說，整個系統會吞噬掉所有小改變，讓改變的部分被再次整合到整個系統中。你想要改變貧民窟就必須改變整個系統，同時完全改變居民的收入、教育、健康和人生。這時你就可以蓋較好的房子。但只改變一部分是不夠的，那不足以抵抗系統的影響，因為它感興趣的是維持自身的存在。

一個人在同樣意義下是一個系統或一個結構。如果你只做小改變，很快會發現這些新改變在一陣子之後便消失了，沒有事情是真的發生改變。只有對你的人格系統進行非常基本的改造，才可望在未來創造出改變。那將需要涵蓋你的思想、行動、情感和一切。即使只是全方位地走出一步，都要比只在一個方向走出十步更有效果。我們也在社會改革看到同樣的事情：只有單方面的改革從來不會產生長遠的效果。

5 分析治療痊癒的前提

心理成長的能力

想到今日廣泛流行的性格精神官能症時，我們必須問一個問題：為什麼一個人的人生會以一種我們稱為精神官能性和不快樂的方式發展？為什麼他無法像他想要的樣子？為什麼他的人生中殊少快樂？

我想提出一個我從觀察人生得到的見解，那就是，人就像動物或植物的種子一樣，都想要活著，想擁有最大的快樂和從人生得到滿足感，這是普遍的原則。沒有人想要不快樂。就連受虐癖者也是一樣。對受虐癖者來說，受虐是他得到最大快樂的方法。之所以有些人比較健康，有些人比較不健康，有些人比較痛苦有些人比較不痛苦，都是由於他們的環境、他們的過失、他們的人生走錯方向，還有因為體質因素。體質因素和環境因素的結合讓他們沒有得到一個人原本應得的最好發展條件，所以他們就用殘缺的方式尋求他們的救贖。

我想把心理成長的殘破潛力比喻為花園裡的一棵樹。它位於兩座牆之間的角落，只能照到很少的陽光。這棵樹的形狀長得彎彎曲曲，它長成這個樣子是因為那是它唯一可以照到陽光的方法。如果將這棵樹換成一個人，我們就可以說他是個性情乖僻的人。他沒有按照他應有的模樣生長，沒有按照他的潛力生長。但他為什麼長成這個樣子呢？因為那是他唯一能照到陽光的方法。每個人都設法照到更多太陽光來得到生命力，但如果環境讓他無法以較為直接的方式獲得陽光，他就會使用彎曲的方式。所謂的彎曲就是一種病態的方式，一種扭曲的方式。但他仍然是一個人，竭盡所能為他的生命找出一個解方。這是我們應該記住的。

如果我們看見一個人有上述的疾病，我們不應該忘記，以這種方式發展的這個人，仍然在為自己的生命尋找解方。他熱切地尋找，只不過有很多環境因素讓他極度難以找到，甚至會讓他產生抗拒，因為他太過害怕任何幫助他改變生命軌跡的企圖。

想要改變自己，想要獲得真正的性格轉變，是極度困難的工作。事實上，這是所有宗教和大部分哲學思想的目標。它當然也是希臘哲學和一些現代哲學的目標，不管你說的是佛教、基督教、猶太教，還是史賓諾莎或亞里士多德。他們全都致力於找出人應該如何教導自己，才能把自己改造得更好、更高尚、更健康、更快樂，和生活得更有力量。

大部分人都是依照責任行事，因為他們自認有所虧欠，這表示他們是依賴性的。他們還沒有到達自我肯定的階段，不會認為：「這是我，這是我的人生，這是我的信念，這是我的情感。我不會按照一時心血來潮行事，因為那是不理性的。而是會按照所謂的自己的理性展現，或者人格的本質性要求、本質性力量來行事。」「本質性」意謂屬於我身而為人的本質。它們和那些非理性的驅力是對立的。

何謂「理性」？懷德海（Alfred Whitehead）說過：「理性的功能是促進生活的藝術。」如果要我來說，我會說理性是所有會促進一個實體成長和發展的行動和行為；非理性是所有會拖慢或摧毀一個實體成長和結構的行為，不管這實體是一棵植物或一個人。根據達爾文的理論，本能會被發展出來，是為了服務個人生存和物種生存的利益。它們會促進個人和物種的利益，因此它們是理性的。性愛是完全理性的，飢餓和口渴是完全理性的。

人的麻煩在於他的行事極少受到本能的決定。否則，如果人是動物的話，他將會是完全理性的。每隻動物都是完全理性的，只要你放棄把理性和智力混為一談的習慣就會明白。理性並不必然與思想有關，其實，理性同樣指的是行動。試舉一個例子。如果有人把工廠開在勞工缺乏和工資昂貴的地方，而他又需要勞工多於機器，那他的行為在經濟上就是非理性的，因為他的行為必然會弱化、並在最終摧毀他的經濟系統（他的工廠系統），而他也會很快意識到這一點：他一、兩年後就會破產。

自從泰勒（Frederick Taylor）之後，經濟學家談到理性化時和我們心理學的理性化完全不同。經濟學的理性化意味著改變工作方法，使它們從對這個經濟單位最佳運作的角度來看更合適，而不是從人的角度來看。

若根據人的立場，則我們必須說非理性的行為，不是他的本能，而是他的非理性激情。動物是不會嫉妒的，不會想要為破壞而破壞，沒有施虐癖，不會想要剝削和控制別人，所有這些激情幾乎不存在於哺乳類動物。人類會發展出非理性激情，不是因為非理性激情根植於本能，而是某些病態環境在人身上引起的病態特徵所導致。舉一個簡單的例子。如果你有一袋薔薇種子，你知道想要它們長出盛放的薔薇花叢，就必須在適當的時間把它們種在有適當濕度、溫度和土壤的環境。這些條件可以讓薔薇種子成長為完美的薔薇。如果你把種子種在太潮濕的土壤，它們就會憔悴，就會壞死。如果你不是把種子種在最佳的環境，則雖然它們一樣會成長為薔薇花叢，但它們的花朵、葉子等等將會是有瑕疵的。這是因為薔薇種子按照原設計就是要在有利其成長的條件下才能充分成長，而這些條件是可以透過經驗找出來的。

就像任何動物飼養者都知道的，上述道理同樣適用於動物，也適用於人。我們知道，人要充分成長，需要某些條件。如果得不到這些條件，例如沒有溫暖只有寒冷，沒有自由只有強制，沒有尊重只有虐待，那麼小孩雖然不會因此死去，卻會變得性格乖戾，一如樹木如果沒有獲得需要的陽光就會變得歪扭。不合宜的環境會產生扭曲的激情，它們是非理性的激情。它們不會促進而只會削弱人的內在系統，甚至將其摧毀，讓人錯亂。

個人對心理成長的責任

佛洛伊德為一個持續了幾世紀的過程帶來了最終的突破：拆穿思想（thought）的道貌岸然，指出老實並不在於一個人自覺懷有善意。相反的，一個自以為完全真誠的人一樣可能撒謊，因為他的撒謊是出於不自覺。就這樣，佛洛伊德為老實的問題和忠誠的問題打開了一個全新的向度，因為自從他提出口誤理論和其他理論之後，「我不是有意的」這個傳統藉口——它用以顯示當事人的行為不包含這個行為所顯示的意圖——便失去了意義。

自佛洛伊德以後，道德問題也需要重新考慮：一個人除了需要對他意識層面的意圖負責，也必須對他無意識層面的意圖負責。無意識是責任的起點，其餘的只是面具，沒有任何意義。一個人自己是怎樣相信的幾乎不值得我們注意。我以下有點誇張地說：我們會發現很多演講或者保證都不值一聽，因為它們全都是一個模式，是說話的人想要取信於你。

我心目中的分析治療最重要的是，必須喚起病患自己的責任感和積極性。我想，今日許多人對分析治療的看法，都是基於病患的假設：這是一種可以讓病患透過說話獲得快樂的方法，它不會讓病患冒險和吃苦，也不需要病患態度積極和做決定。但人生中沒有這種事，分析治療中也沒有這種事。沒有人可以透過說話得到快樂，哪怕說話的目的是為了獲得分析師詮釋。

為了能發生改變，病患必須擁有尋求改變的巨大意志和衝動。每個人都怪罪別人，以此規避責任。我不是從法官的立場談論責任。我並不指控任何人。我不會認為我們有權像法官那樣指控任何人。但有一件事實仍然是事實：除非一個人在讓自己康復一事上有責任感、參與感和自豪感，否則他不會康復。

有些條件有利於人的健康發展，也有些條件會促進病態現象，所以關鍵是找出哪些條件有利於人的健康發展，又有哪些條件會促進病態現象。事實上，在思想史上，哪些條件是有利於人的健康發展，一向都是被放在倫理學的範疇內討論，因為倫理學基本上是探索那些有利於人類健康發展的規範。

一旦我們談到人，人們就會說那是一種價值判斷，因為他們不想聽到一些必需的規範，因為他們想要活得快樂卻不用知道怎樣才能活得快樂。但就像愛克哈特所說的：「沒有任何指引，人又要如何懂得活著的藝術和死去的藝術？」這話對得無以復加，也無比關鍵。今日人們都以為他們可以變得非常快樂，全都夢想可以得到快樂，卻一點都不知道什麼條件可以促進快樂，什麼條件可以促進讓人滿意的生活。

我對於文化要怎樣促進幸福有一個鮮明的倫理學信念和一個模型。這並不是說我有一幅正確的藍圖，可顯示最佳的社會應該是什麼樣子。因為那是很困難的，幾乎是不可能的，因為每例個案的情況都會有所不同。不過對於倫理模型，我有一個鮮明的信念：文化的目的是**人的全幅度成長**，而不是生產或者財富的全幅度成長。在其中，生活的過程本身是一件藝術品，是每個人的生命在最佳的強度和成長下的傑作。每個人的生命都是最重要的。

關鍵的問題是：什麼才是重要的？這個問題的答案在現今與中世紀相較有所不同。即便是十八世紀的人的看法也與今日有些不同。有一種看法認為，人生的發展是生活的全部，重要的是不枉此生。但人生的發展在現今已不再重要，被人們認為重要的是事業成功，贏得權力和威望，在社會階層往上爬，為機器服務。但身而為人，他們變得停滯了，事實上大部分的人都有一點點退化。雖然他們在賺錢的能力和擺布人的能力上變得更高明，但在身而為人這件事情上卻沒有變得更好。

除非人認為某件事是最重要的，否則他將什麼都學不會，一事無成。今日大部分人都想要輕鬆學習，但這樣將不會學到任何高難度的事物。如果你要成為鋼琴高手，你必須每天練習許多個小時。如果你想成為舞蹈好手也是一樣，你想成為好木匠也是一樣。你練習、從事這些活動是因為你選擇它們作為最重要的事。《塔木德》對此有很好的說明。根據《聖經》，當希伯來人要渡過紅海時，摩西舉起手杖，海水就分開了。但《塔木德》卻說當摩西舉起手杖，海水並沒有分開，只有當第一個希伯來人跳入水中之後，海水才分開。這裡的寓意是除非有人願意投入，否則無法成就任何事情。置身事外的人將什麼都無法理解，什麼都學不會。因為一切都是膨脹的，都是沒結構的，都是讓人沒頭緒的，日後回憶時你會說：「我這個學一點，那個學一點，真是愉快。」但是，在我看來，任何對人生沒有衝擊的事物都不值得學習。與其學習對一個人沒有直接或間接衝擊的事情，倒不如去釣魚、開帆船、跳舞或者做其他事。

我想說的是：如果你是一棵蘋果樹，就讓自己成為一棵好蘋果樹；如果你是一顆草莓，就讓自己成為一顆好草莓。我沒有說你應不應該成為一顆草莓或一棵蘋果樹，因為人的素質多元，差別非常大。每個人在很多方面都是獨特的。你甚至可以說他是獨一無二的，沒有別人完全像他。所以重點不是創造一個規範讓所有人一樣，而是創造一個規範讓每個人不管是什麼樣的花朵，都可以充分盛放，都可以充分誕生，充分活躍。這聽起來像是會導致一種虛無主義的觀點，因為你可能會說：「那樣的話，如果你生而為罪犯，你就應該當個好罪犯。」坦白說，我認為當個好罪犯要勝於什麼都不是。什麼都不是，既不是罪犯，也不是非罪犯，活得毫無目的和意義，這樣更糟糕。不過，我認為當一個罪犯，就算是有本事的罪犯，仍然是一種病態現象。因為人生下來不是為了當罪犯，因為犯罪本身是一種病態現象。

一個人的成長以變得自由為開端。自由的過程由一個人和父母的關係肇始。這是絕無疑問的。如果一個人不能從父母手中解放自己，如果他沒有越來越感覺自己有權為自己做決定，如果他不覺得自己對父母的願望既沒有害怕也沒有特別藐視，那麼通向獨立之路的門就會總是關著的。

我會說一個人能做的最好的事就是問自己：從我對待父母的態度來判斷，我在通往獨立的道路上走到哪裡了？我不是說人不應該愛父母。人應該愛父母，甚至去愛傷害自己的父母，即使父母不知道對孩子造成傷害。有些父母真的讓人無法去愛，也有些父母雖然犯了很多錯，但仍然非常可愛。所以我並不是建議要對父母採取敵對態度。人和父母發生爭吵常常都是為了掩飾繼續存在的依賴關係，所以必須向父母證明父母是錯的。只要人們一日有需要向父母證明父母是錯的，我就一日有需要向人們證明他們的父母是錯的。只有一個人在不必證明自己是對還是錯的情況下，他才是自由的。這是我們通往自由的道路的開端。當然這只會在人嘗試過之後才認識到。

體會現實的能力

人有兩種判斷現實的能力。

其中一種是為了駕馭現實而具備，也就是說，我為了生存，必須按照現實可為我所駕馭的方式去判斷現實。如果我手中有一些木頭，我必須看出來它們是具有某些性質的木頭，這樣我才能用它們來生火。如果我看見有人帶著武器衝向我，我必須看出他有敵意，否則我就會被他殺死。換言之，對現實的理解和知識是駕馭現實所必需的，是人類的一種生理機能。大部分人都擁有這種功能，這就是為什麼他們可以構成一個群體。

但是，人還有另一種能力。這一次他不是從實用的角度認識現實，而是以純粹主觀的方式來認識現實。假定有個人擁有一棵樹，並且從實用的角度這樣想：「它值多少錢？我應該把它砍掉嗎？」他基本上是用售價的角度來看待這棵樹。如果我用主觀的觀點望向世界，我帶著感覺和美感去看它，我就會把樹視為神奇之物。我在對待其他人的時候也是同樣的態度。假如我以擺布另一個人為目的，那我看到另一個人時就會這樣問自己：「他能如何為我所用？他的弱點何在？他的強項何在？」這時候我們看待人的方式完全由實用動機決定。但我也可以喜歡一個人，不喜歡一個人，或對他無所謂喜不喜歡，那這時我便沒有實用的動機。如此一來，這個人可以讓我很高興，又或是很討厭，又或是其他感覺。如果我有識人的本領，我也許就可以看出他的本質。

上述這種人用來認識現實的主觀能力，可以從詩句來理解。例如「這朵玫瑰如火燃燒」這詩句，從日常思考的角度會認為是不知所云。不然的話你試用玫瑰來生火煮蛋看看。但那句詩顯然不是這個意思。它指的是詩人對玫瑰的印象。他感覺到玫瑰顏色豔紅如火的性質。我們稱呼寫詩句的人為詩人，不是精神狀態異常的人，因為他同時具有從主觀角度和客觀角度看玫瑰的能力。他清楚知道不能用如火燃燒的玫瑰來生火。

今日大部分人都失去這種能力。他們只能以現實主義的方式看事物，也就是說按照事物的用途來看事物。但他們卻看不見大自然或一個人是不是有什麼特別的地方，無法不帶任何目的，全然以主觀的方式體會到他所看到、他所聽到的事物。我們也許可以稱沒有主觀能力去認識外在現實的人是病態的，不過，我們只會把那些無法客觀地認識外在現實的人稱為精神病患。

如果一個人沒有主觀認識現實的能力，我們不會說他生病。理由很簡單。我們只會稱那些妨礙社會運作的事情為生病。病的概念本質上是一個社會性概念。如果一個人是個情緒白痴、藝術白痴，除事物的金錢價值以外看不出任何其他價值，現在我們會說他是非常聰明的人。這些人也是最成功的，因為他們不會像電影中的卓別林那樣，操作機器時會因為看見漂亮女孩而分心，跌在看不見盡頭的輸送帶上。如果你什麼都感覺不到，如果你沒有主觀經驗，那你最適合身處在一個只重視實際工作表現的社會。但這並沒有讓你比較健康。

到底是精神病患，還是所謂現實的、實際的人病得更加嚴重，是個可爭論的問題。我認為我們可以說，很多思覺失調症患者要比那些坐在辦公室裡或到處去銷售商品的人快樂。我認識一個男人，事業非常成功，但卻完全受到妻子的控制。這個女人是典型的盎格魯—撒克遜女人，小個頭，非常瘦，非常低調，幾乎不會大聲說話，非常的不起眼。她像獨裁者那樣統治著家裡，但她的霸道卻被她那人畜無害和過度自抑的外表掩蓋起來。男人後來得了憂鬱症，不得不住院。治療他的醫師非常聰明，禁止男人的妻子來醫院看他。只有他的兒子可以探病。男人告訴他的兒子：「你知道嗎？這是我生平第一次感覺快樂。」這種話出自一個住院的憂鬱症患者看似是一種弔詭，但卻又無比真確。他生平第一次覺得自己是個自由人，不管是個有憂鬱症，還是沒有憂鬱症的自由人。住院是他享有自由的最佳環境。等他出院，他將會再度是個囚犯，屆時他將無法再承受。

社會和文化對人的模塑性影響力

佛洛伊德認為各種人格取向，不管是口腔—接受型、口腔—施虐型，還是肛門型，都是由於力比多固著在其中一個性慾區（erogenous zone）所引起。換言之，在人的成長發展中，他的力比多出於偶然，鎖定在某個性慾區。性格特徵就是對這種力比多慾望的昇華或反向行為（reaction formation）[1]。

我相信固著於某些性慾區不是主要的活動，只是次要的活動。不過在融入世界的過程中，人只有幾種可能性可以選擇：我要麼是透過被動接受得到東西，要麼是透過武力得到，要麼是透過囤積得到。還有另一種可能性是我在《自我的追尋》

1 譯註：一個人為了抑制自己的某些慾求，會發展出與這些慾求正好相反的特徵，這就是反向行為。

談到：我可以透過交換得到東西，也可以透過生產得到東西。沒有其他可能性。一個人主要是採取何種吸收模式，主要與社會和文化的性質相關，其次是與父母的性格（如果不考慮小孩的體質的話）相關。性慾區之說不管有多少道理，也主要是作為結果而非原因。

我的性格概念就像我的所有其他概念一樣，不是著眼於力比多的發展，而是著眼於父母的性格和我所謂的社會性格（social character）。我說的社會性格是指每個社會所產生的性格類型，因為社會需要人和讓人想做他們必須做的事。舉一個簡單的例子。十九世紀是一個需要人想要儲蓄的時期，因為社會有積累資本的需要，所以透過教育、透過父母的榜樣，和透過整個養育小孩的方式，我們稱之為肛門－囤積性格（anal-hoarding character）的社會性格就被製造出來。今日則是需要想要花錢的人，所以社會就製造出接受取向（receptive orientation）和行銷取向（marketing orientation）的人，讓他們願意在市場上銷售自己。今日很多人在說「我不相信你的話」時，會說成「我不買單」（I won't buy it）。換言之，他們雖然不自覺，卻很清楚，這一切，包括思想的交流在內，一切都關乎市場，關乎買或不買。

佛洛伊德和我所描述的性格取向症候群的角度看似相似，但在起源解釋上則否。在我的作品中，我沒有說清楚我和他的概念哪裡相似，哪裡不相似。不過事實上，我以前並無法把這個說清楚，因為我最近幾年才完全想通。

我總是認為，當有人說我的觀念強調文化時，對佛洛伊德來說並不公平，因為他一樣強調文化。但我們之間有一個重大差別。對他來說，文化是一種定量的事物，也就是可以用對本能的壓抑程度來衡量。但我卻不是把文化看成一個或多或少壓抑本能的定量事物，而是視之為一種定性的事物，即認為任何社會結構都會形塑其成員。換言之，我認為我們是被我們社會的需要所塑造，所以分析一個社會的特殊結構無比重要，不管那是封建主義社會、十九世紀資本主義社會、二十世紀資本主義社會，還是希臘的奴隸制社會。它們對我來說是基本的發生學原則，是性格類型形成之所賴。性格的形成並不是依賴與性慾區有關的某些事件的力比多發展。

我強調對社會結構進行分析，佛洛伊德卻不是如此。我們不能怪他，因為他接受的不是這方面的訓練。但霍妮（Karen Horney）和沙利文基本上也是如此，因為他們對分析社會並不感興趣。他們只對文化影響力有興趣，但我想這還不太足夠。霍妮提到了現代社會的一些典型特點，但在我看來，把精神分析和一種嚴謹且科學的社會結構分析結合起來是必要的。

〔人的傾向對社會和文化環境的依賴可以透過性行為來闡明。〕現代人對一切都是即時消費，對性的態度亦復如此。這是趨勢的一部分，你生命中也無其他事好做，所以何樂而不為？況且社會也完全沒有為此受到危害。其實正好相反，所有批判性觀念，所有反對現代相對不人性的生活方式的抗議，都受到了性開放的弱化。

我談的不是婚外性關係，而是現在儼如速食的男女性關係，它不包含較深入的感情，也沒有任何種類的親密感可言。我也不是說性愛有任何過錯，因為性是生命的表達，不是死亡的表達。所以我不是指現在的開放風氣因為是與性有關所以便是錯誤。事實上，我認為現在的情況比十九世紀對性的壓抑和違心的否定要更勝一籌。我在這裡只是要從一個較寬廣的角度指出，不認真的、逢場作戲的、沒有親密感的性愛是今日的風氣，但在十九世紀卻是上層階級的特權。

很多人認為，新一代創造的性風氣是非常新的現象。他們完全忘記了例如在英國的上層階級，這種風氣其實歷史悠久。如果你讀過對一個英國上層階級宴會的描述，就會知道女主人（她們的城堡往往有六十到一百間房間）最頭痛的問題是如何安排一對對來賓夫妻的房間，好讓丈夫們不用走太遠就可以去別人的房間找別人的妻子。如果你讀過主題是邱吉爾母親的《珍妮》（*Jeannie*）一書，就會知道這位母親常常與對兒子仕途可能有幫助的男人睡覺。邱吉爾在這方面沒有談太多，但他明顯認為在事業上幫助兒子是母親的責任。這種事的正當性和道德性完全沒有受到質疑。所以性開放的風氣一點都不新鮮，也可以顯示，從前上層階級的風俗習慣會向下傳入中間和下層階級，成為整個社會的文化模式。

心靈發展的動態性和人的自由

史賓格勒（Oswald Spengler）在《西方的沒落》（*Untergang des Abendlandes*）中認為西方將會衰落，認為西方文化一定會幾乎像是受到自然法則規定的那樣遭受摧毀。這是因為他的解釋模式認定文化會像一棵植物或任何有機體一樣，經歷出生、茁壯、衰敗和死亡的階段。羅莎．盧森堡（Rosa Luxemburg）的預言式歷史觀則認為，歷史發展有兩種可能性：有可能是這樣或那樣，但沒有第三種選擇。

我們不應該把史賓格勒和盧森堡的歷史觀差異視為無足輕重。他們代表著兩種決定論。一種是只可能有一種結果的決定論。另一種是有兩種可能的決定論，它並沒有指出哪種結果是必然，但認定必是兩種可能的其中之一。這不只對歷史或社會的決定論問題特別重要，還對人的決定論問題特別重要。

對於人的事情，我們鮮少可以說（至少沒有很好的理論基礎讓我們可以說）：結果必定是如此這般。但我們卻總是可以說：這兩種可能必有其一會發生。舉一個非常一般性的例子：一個人的心靈要麼會繼續成長，要麼會停滯不前。在每個個案中，這兩種可能性的相對強度都有所不同。一個人未能成功成長的可能性也許是1%，但那仍然是一種可能性，不屬於老一套的決定論。

大部分人都拒絕承認自己的人生其實有兩種可能性。他們可能會變成這樣，也可能會變成那樣。但他們以為自己有各式各樣的選擇。這種看法通常是不切實際的，因為根據他們的背景、體質、處境，他們其實沒有太多的選擇。

〔人的心理發展的動態性類似於下棋：〕當兩個棋手開始下棋，他們贏的機會基本上均等，也就是說兩人都有機會取勝。你可能會說持白棋的人因為先下，贏面略高一點，但在這裡可以把這個因素忽略不計。假設兩人下了五步棋，而持白棋的人犯了一個錯誤，那麼他的贏面就會減少16％。然而如果他之後下得特別好，又或者他的對手犯了錯，他還是可以贏。又或者下了十步棋之後，持白棋的人可能無法彌補第一個錯誤，反而又犯了第二個錯誤。不過理論上他仍然有機會贏，只是他贏的機率從50％減少到5％。不過他還是有可能會贏。然而如果他再犯一個錯誤，他就會完全失去贏的機會。根據下棋的法則，他不可能會贏，除非是對手犯下一個愚蠢的大錯，但這種事幾乎不會發生在兩個好棋手之間。到了這時候，如果持白子的人是好棋手的話，就會放棄認輸，因為好棋手總是知道自己可不可能贏。差的棋手因為不能預見接下來的棋局，所以會繼續下下去，仍然希望取勝，雖然事實上他已經不可能贏。他必然會戰至走投無路，國王被將死而後已。這時他才會承認失敗。

如果把下棋的比喻應用在人類處境、應用在我們所有人的人生，則表示什麼？以紐約一戶非常富有人家的小男孩為例。五歲的時候，他非常喜歡和一個黑人小男孩一起玩。這是很自然的，因為他還不知道種族差別的意義。然後有一天，他媽媽用現代媽媽慣用的柔性方式對他說：「強尼，我知道他是個好小孩，就像我們一樣好，但鄰居都不知道這件事，所以如果你不跟他玩會比較好。我知道你會為此不開心，但我今晚帶你去看馬戲團表演。」她可能不會說得那麼直白，不會說帶他去看馬戲團表演是一種補償，但她還是把他帶去看表演，或者買什麼東西給兒子。

強尼最初不願意，抗議說：「不要，我喜歡那個男孩。」但他最後接受了媽媽的補償。這是他的第一個錯誤，他的第一個失敗。他的人格完整因此有了裂痕，他的意志因此有所動搖。用下棋來比喻，就是他業已下了第一步錯誤棋步。

然後假設十年後，強尼愛上一個女孩。他真的愛這個女孩，雖然對方出生窮人家，而他父母也不認為他們應該在一起。再一次，他媽媽要求他離開女孩，但不是像老一輩的那樣說：「你們是不可能在一起的。你們門不當戶不對。」而是用很現代的方式說：「她是個迷人的女孩，但你知道你有一個不同的背景，男女需要有相似背景，結婚後才會幸福……不過，你完全有自由來決定要不要娶她，一切就看你。我們可以讓你到巴黎去住一年，把這件事情想清楚。如果你從巴黎回來後還是想娶她，那你就娶她。」

強尼接受了。這是他的第二次失敗，不過，有過第一次失敗和許多次類似的小失敗之後，這次的失敗就變得容易。他業已被收買，他的自尊、他的尊嚴、他的自我感已經有了裂痕。讓他到巴黎的建議十分誘人，因為那是一個用藉口掩飾的賄賂：「你完全有自由可以娶她。我們可以讓你到巴黎去，把事情想清楚。」然而在他接受機票的那一刻，他已經在不自知的情況下放棄了那個女孩。他自以為仍然愛她，將會娶她，所以在巴黎的頭三個月他寫給她一些最熱情的情書。但他的潛意識早已知道他不會娶她，因為他已經接受了賄賂。

一旦你接受了賄賂就必須辦事。這是故事的第二個教訓。你必須老實，不能接受賄賂而不辦事。所以強尼在巴黎和很多其他女孩交往。他開始認為自己其實不是那麼愛那個窮人家的女孩，並且愛上了很多其他女孩。帶著一點點內疚，他跟那女孩解釋他為什麼不再愛她。這事情很容易，因為他本來就越來越少寫信給她，所以現在的轉變並不是那麼突兀和震撼。當然，如果她是聰明的話，早該察覺強尼變心，會回信說她已經走出來了。

強尼在二十三歲上研究所。要念什麼領域變成了一個問題。他父親是非常有名的律師，有很多理由想要兒子繼承事業。但兒子真正感興趣的是建築，從兒時起便是這樣，所以他堅持要念建築。然後他父親告訴他，自己有心臟病，可能很快就不在人世，需要由他來照顧母親。他為兒子做了那麼多事（包括送兒子到巴黎），兒子現在怎能不知感激？如果強尼置他的期望於不顧，他會有多麼不快樂！況且當建築師賺的錢怎能和當律師相提並論。強尼在進行了一點點無力的反抗後便就範了。也許這時候父親還給他買了一輛非常漂亮的跑車。雖然有附帶條件，但跑車從來沒有被明說是賄賂品（在政治上也是一樣，賄賂不會寫成白紙黑字：「我給你一萬美元，你投票贊成這條法律。」一萬美元給出去之後，對方自然明白這筆錢是為何而給。）到此，強尼已經一敗塗地。他完全出賣了自己，失去了所有自尊，失去了自己的人格完整，選擇了一輩子做自己不喜歡的事。然後可能又娶了一個他不愛的妻子，對自己的工作感到無聊乏味。

強尼怎麼會落得這種下場？不是出於晴天霹靂，而是由一件又一件的小事累積而成，由一個又一個的小差錯堆疊而成。他在一開始有很多自由，但後來一點一滴失去，直到最後幾乎完全消失。

自由不是某種我們擁有的東西，世界上不存在一種名叫自由的東西。自由是我們人格的一種性質。我們越是能夠抵抗壓力，越是堅持做我們想做的事，我們就越自由。自由主要是關乎你在增加你的自由，還是在減少你的自由。我們也許會以為，強尼到最後雖然幾乎失去了所有自由，但仍然有可能會遇到什麼異乎尋常的事件，讓他在三十歲、四十歲或五十歲時發生完全的改變和幡然悔悟。但等待這種異乎尋常事件的人通常是白等，因為這種情況實屬鳳毛麟角。

6 引發治療效果的因素

精神分析的治療效果寄託在什麼因素？依我之見，有三個因素值得簡單一提：（一）當一個人看出自己內心的真正衝突時，伴隨而來的自由感增加。〔（二）在擺脫壓抑和阻抗的束縛之後，心靈能量的增加。（三）釋放出追求健康的天性。〕

精神分析的治療效果，首先是寄託在當一個人能夠看見自己內心的真正衝突，而不是虛構衝突時，伴隨而來的自由感增加。

例如，有個女人的真正衝突有可能是沒有能力解放自己，展開自己的人生，因此是沒有讓自己自由的能力。她的虛構衝突是：應該和丈夫離婚還是繼續在一起？這不是真正的衝突。它不是衝突，因為它是解決不了的。不管她是和丈夫離婚還是繼續在一起，她的人生將會繼續悲慘。只要她一日不自由，她就會處於同一種悲慘境地。但只要她把全部心神放在這個特定的問題上，她就無法開始弄懂自己的人生。她將無法處理自己內心的真正衝突，那是有關她的自由、她與世界的關係、她對世界的缺乏興趣、她的整個生命與存在感在世界上都極其渺小……所有這些她都無從意識到。

換一個簡單比喻來說，就是用錯的鑰匙來開門永遠無法把門打開。即便你認為你拿著對的鑰匙，當角度不對，你就永遠無法把門打開。你必須有對的鑰匙在手。這其實是一個不夠好的比喻。每個人都知道這一類事物的例子。我應該做這件事還是那件事：這個問題只是偽衝突，真正的衝突全然在別處。例子可以在自己或其他人的人生中找到，特別是在老年人的人生中找到。一個人的父母總是好例子，因為他們活得比你久，而且如果你想要的話，可以把他們觀察得非常仔細。那樣你就可以看出來，人們有多常致力於處理錯誤的問題，設法解決不可能有答案的難題。

以下的例子也許是很好的說明。假設一對夫妻結婚三年後因為有解決不了的衝突，便離婚了。之後發生什麼事？常見的情形是，男的在一年後娶了一個和原來完全同一類型的妻子，而這段婚姻也是以離婚收場。這樣的事情不斷重演，直到最後男女雙方才因為太疲倦和太老而沒有再和另一半離婚。這些人總是認為問題在於他們沒有找到正確的伴侶。他們沒有想到自己的過錯。他們的錯誤在於，他們沒有能力和別人一起生活，在於他們沒有能力客觀地看待另一個人，所以必然會選擇錯誤的伴侶。他們的自戀讓他們挑選和愛上一個極為崇拜他們和傾向於順服的女人。他愛上她是因為她的崇拜，接著在一年後，她的順從開始讓他覺得無聊乏味。他在一開始對她的順從感到高興，因為這份順從可以大大滿足他的自戀。但當他知道她極為崇拜他之後，她的順從就會變得讓人感到相當乏味。所以他需要一個崇拜他的新對象，同一個循環於是重新展開。唯一的解決辦法是他意識到自己的自戀，或他為什麼會選擇一個崇拜和順從他的女人當妻子，惡性循環才會停止。

當這樣一個男人去找精神分析師談他的婚姻問題和請教解決之道時，他唯一應該聽到的回答是：「你沒有婚姻問題。你有的是你自己的問題。你就是你的問題所在。只要一天不知道自己為什麼會犯錯，你就會一再重蹈覆轍。如果你改得掉這個問題，你就會變成另一個人。」去解決一個無解的問題是薛西弗斯（Sisyphus）[1]

1 譯註：古希臘神話人物，被天神懲罰，必須每日週而復始將一塊巨石推上山頂。

的工作。這工作需要花大量精力並且會令人氣餒，因為你雖然努力、努力又努力，但基於該問題的性質，你永遠解決不了。當你努力時，你會意識到你永遠不會成功。因為你整個方法都用錯了地方。

理論上，問題非常簡單，但當你跟著自己的感覺走，它就會變得不容易。這就像你帶著一個錯誤的前提去猜測數學難題或其他科學難題。只要你是帶著一個錯誤的前提，難題就是無解的，你只會落得絕對的狂亂和沮喪。只要你一天沒意識到你是在設法找到一個不可能找到的解決方法，你就會越來越相信自己無能，一切都只是白費功夫，因而變得極為氣餒。但當你看出來：「天啊，這不是問題所在，原來我的前提有錯。真正的問題是那個，它是我處理得了的。」這確實帶給你新的希望，因為現在你會想：「我也許永遠不會成功解決，但那至少是我可以努力的。這難題在原則上不是無法解決的，不會讓我顯得絕對的無能。我可以設法做些什麼。我可以做些有意義的事而不是處理一個虛構的問題。」我認為這本身會帶來自由、能量和信心的增加。所以看見真正的衝突而非沉迷在虛構的衝突是非常重要的。

第二個重點是，每種壓抑都需要能量讓壓抑持續下去。換一種較簡單的方式說，就是阻抗需要大量能量。如此一來，能量就會被分走，就會被無用地消耗掉，就像政府把大部分的國民所得用於購買軍備。能量被浪費掉了。一旦你解除壓抑，不再需要餵飽阻抗，能量就可以為你所用，並導致能量的增加。這意味著自由的增加。從史賓諾莎的角度看，能量的增加甚至可以說是美德和喜樂的增加。

我第三個想提的重點大概是最重要的一個。如果我除去存在於我自身的障礙，接觸到內心真正的想法，那我追求健康的天性就可以開始運作。我的這個看法是基於我的一個假設，以及我對別人和我自己的體驗。那就是，每個人不只有追求生物上和生理上幸福的傾向，還有追求心理上幸福的傾向。我的這種說法沒有半點神祕可言。這非常符合達爾文的觀點，因為幸福有助於生存。心靈的幸福有助於生物意義上的生存。人越是喜樂和感覺暢快，他就會活得越久，生育越多孩子和更有生產力。這是非常狹義的，但我在這裡要說的，不是這種狹義的心靈幸福。我在《人類破壞性的剖析》引用好些近期神經生理學家的話（在我看來非常有說服力），並指出：就算在我們的大腦結構裡，我們也找到一些不完全是本能性，但卻是天生具有的追求幸福、合作和成長的傾向。

想想在緊急狀態下有時會發生的事，我們會更容易領略這種去克服困難、去成長和去生存的天生傾向的角色。遇到緊急狀況時，人們會突然產生他們從未想過自己擁有的力量和技能。不只是體力，還有心靈力量，甚至是各種強大的知覺能力。這是因為活下去的衝動是那麼有力地內建在人類的大腦中，當出現生死攸關的情況時，大量能量就會被聚集起來。它們本來是不外顯的。

有一件事情對我在這方面的思考上非常具有決定性。我曾經認識一個在達佛斯（Davos）療養的肺結核病患。那是很久以前的事，當時還沒有治療肺結核的藥物。她的病況一天比一天嚴重。有一天，她的主治大夫和其他專家開了一個會，會後告訴她：「我們剛開過會，認定從醫學的角度看，我們再也沒有可以為妳做的事。妳是生還是死完全靠妳自己的意志決定。」從這番話可以看出來，主治大夫深信女病患將要死掉或大有可能死掉。沒想到他的話發揮了作用。幾星期內，女病患就經歷了一個從醫師看來是奇蹟的轉變：本來病得非常嚴重和瀕臨死亡的女病患竟然完全好轉。如果這個醫師就像大多數醫師那樣，好意地對女病患說「別放棄希望，病情一定會有所好轉」，他就會把女病患害死，因為他那樣說，無法讓她踏出使能量聚集起來的決定性一步。

柏林的愛爾莎・金德勒（Elsa Gindler）是另一個例子。她是身體感知體操的發明者。她是如何想出這些體操動作的？話說她得了肺結核，醫師們告訴她：「如果妳不到達佛斯療養，就會死掉。」但她沒有錢去達佛斯，所以她就憑直覺設計出一套體操動作，以此加強對身體內在活動的感知。她後來完全康復，而她的方法在德國和瑞士流傳開來，最後還傳入美國。醫師一年後在街上看到她的時候，眼睛一亮，脫口說：「所以妳去了達佛斯！」他幾乎不敢相信她沒有去。

追求健康的天性除了對一個人的生命饒富意義，也對精神分析技術饒富意義。各種錯誤的鼓勵都是致命的，都是有害的，除非當一個人病得是那麼的無藥可救，以至於告訴他全部真相都不會有任何效果。否則，如果我「鼓勵」一個人和把問題輕描淡寫，我只會傷害那個人，因為我會阻礙緊急能量的形成。相反的，我把他的處境描述得越是清楚和嚴峻，我就越能夠動員他的緊急能量，也越有可能把他帶往康復之路。

7 如何展開治療關係

分析師與被分析者的關係

把分析師與被分析者的關係形容為一種互動是不夠的。獄卒與囚犯之間一樣存在互動。史金納在他的《超越自由與尊嚴》（*Beyond Freedom and Dignity*）一書中是那麼的言之太過，乃至於說受虐者對施虐者的控制，不亞於施虐者對他的控制，因為透過他的痛苦吶喊，他會讓施虐者知道他身受的痛苦。但只有在強詞奪理的意義下，我們才能說史金納此說是對的，因為受虐者基本上是受到施虐者的控制，兩人雖然有一些互動，但卻少得可憐，可以忽略不計。

我不想把父母與子女的關係類比為施虐者和受虐者的關係，但我提這個激烈的例子是為了質疑互動的概念。不錯，施虐者和受虐者之間確實存在互動，但對任何互動，你都必須提出一個問題：在這互動中，誰是有權力的一方，可以逼令對方就範？那是一種平起平坐的互動嗎？還是一種非平起平坐的互動，雙方不是站在同一層次？學院派的「互動」社會學概念隱含著巨大的危險。它是純粹形式性的，把任何兩個人的互動都稱為互動。

我們必須判斷一種互動的性質是平等的還是控制的，後者的其中一方擁有更大力量，可以強迫另一方按照他的意願行事。這個問題的古典表述可以在美國和國際條約中找到。如果一個非常強大的國家和一個非常小的國家結盟，那麼條約雖然把兩國說成平起平坐的關係，但實質上所有的權利都是歸於較大的國家。同樣的情形也見於商業。例如，羅馬法所謂的「獅子合夥」（societas leonine）是指一家大公司和一家小公司合併時的情形。合約上表示雙方是自願合夥，但實際上是大公司兼併小公司。這不會表達在契約上。按照契約的文字，兩家公司各自獨立，但事實上小公司一點都不獨立。互動一詞並不足以說明一切關係。它太過形式化（儘管雙方千真萬確有互動），也太過抽象。在所有人類關係中，首要的是雙方沒有凌駕對方的權力。

在這方面，我有一個不同於佛洛伊德的經驗。事實上我兩種經驗都有，因為我是在柏林一家正統的佛洛伊德機構受訓，當了一個正統的佛洛伊德派分析師大約十年，然後才變得對我經歷的事情越來越不滿意。我注意到我在看診時變得煩悶無聊。主要的差別在於，佛洛伊德把整個分析情境視為一個實驗室情景：病患是被研究的對象，分析師是實驗室人員，觀察著從被研究對象口中說出來的話，由此推論出各種結論，然後告訴病患他的所見。在這方面，我也和羅傑斯醫師（Dr. Rogers）相反。我認為「案主中心治療」（client-centered therapy）這種說法有一點怪，因為每一種治療本來就必須是以案主為中心。如果分析師是那麼的自戀，無法以案主為中心，那他真的不應該從事這項工作。我不認為「案主中心治療」是某種不言自明的方法，而是正好相反。

我又是如何進行的？我會聆聽病患說話，然後告訴他：「我們要做的事如下：你想到什麼就告訴我。這並不容易，因為有時你會不想告訴我。我只要求你遇到這種時候，你要告訴我你有不想說的，因為我不想給你額外壓力，規定你必須做這個那個。你的人生十之八九常常有人要求你必須做這個那個。所以，你只要告訴我你跳過了一些事，我將會很感激。我會聆聽你說話。聆聽的時候我會作出反應，那是受過訓練的機械式反應。我在這方面受過訓練。你告訴我的事情會讓我聽出一些端倪，而我會告訴你我聽出什麼，那會非常不同於你想告訴我的。然後你再告訴我，你對於我的感想有什麼看法。我們以這種方式溝通：我回應你，你回應我的回應。我們看看這樣可以讓我們進行到什麼程度。」我在這一點上非常積極。

我不詮釋。我甚至不用詮釋這個字眼。我只說出我「聽見」的。比方說病患會告訴我他懼怕我，會告訴我一個特殊的情景，而我「聽見」的是他極端地嫉妒，有著肛門—施虐性格和剝削性性格，想要把我擁有的一切拿走。如果我有機會從夢境、從手勢動作或從自由聯想看出這一點，就會告訴他：「現在，聽著，我從某件事情猜出來，你懼怕我，是因為你不想讓我知道你想把我吃掉。」我設法把他的注意力帶向他本來沒有覺察的事情。我強調這個是因為有些分析師相信（羅傑斯是最極端的，有些佛洛伊德派分析師較不那麼極端），病患應該自己發現自己的無意識。但我認為這樣會把分析治療的過程拉得過長，而它本來就已經夠長和夠艱難的了。那樣做的話會發生什麼事？有些事情是被病患壓抑著的，而且有很好的理由壓抑著。他不想覺察到，並且害怕會被覺察到。如果我坐在那裡等著他的阻抗自行瓦解，那我將要等待不知道多少年。這樣是在浪費病患的時間。

我所做的和佛洛伊德解夢時所做的一樣。某個夢也許看似平淡無奇，但根據佛洛伊德的解釋，它卻可能表示你想殺我。我會用這個方法來解釋別的事情。我告訴病患我所領悟到的，然後分析病患對我所說的話的阻抗。如果病患沒有太多阻抗，他就會感受得到。但我非常清楚，將向病患說明的話語知識化一點幫助都沒有，反倒是讓一切變得不可能。重要的是，病患是否能感覺到我指的是什麼。

史賓諾莎說過，有關真理的知識本身不會改變任何事情，除非它也是一種情感性知識。這個道理也適用於精神分析。你可能會在接受分析治療時發現，你會陷於憂鬱症是因為你小時候被母親忽視。但如果你只是知道這個和相信這個，那直到世界末日這種認知對你都沒有一丁點好處。我這麼說可能誇大了，因為也許會有一點點好處。情形就像驅鬼。如果分析師每次都說：「你心裡有鬼。」又使用暗示的方法暗示鬼是病患的母親，那麼幾年下來，如果病患的憂鬱症本來不是太嚴重的話，最終可能會覺得沒有那麼憂鬱。認識到有什麼被壓抑著，意味著此刻正在體驗它，不只是透過思想，還是充分地感覺到它。這種經驗本身有緩解效果。事情無關乎解釋，而是有關感覺。如同看X光片那樣，你在你的內心深處感受到你憂鬱。如果你真的感受到它，你會有想要做些什麼來驅除憂鬱的想法。這時你可能會進入下一階段，感受到：「我真的生氣了，所以用我的憂鬱來懲罰我妻子。」另一方面，要是病患病得太嚴重，或憂鬱得太厲害，那他就算察覺自己的無意識想法也無濟於事。

從事精神分析工作的前提

每件精神分析工作都有一個重要的面向：分析師的個人素質。最重要的就是他的人生閱歷，以及他對他人的理解。很多分析師之所以當分析師，是因為他們感到很難與別人產生聯繫，而分析師的角色讓他們感覺受到保護，特別是因為他們可以隱身在沙發的後方。但光是善於與病患相處還不夠。同樣重要的是，分析師不害怕面對自己的無意識層面，所以也不害怕打開病患的無意識層面，不會為此感到尷尬。

這帶出了可稱之為我的治療工作人本主義前提：人的一切我皆不陌生。[1]一切都在我之中。我是小孩，我是大人；我是殺人犯，我是聖徒；我是自戀者，我是破壞狂。病患心中的一切也在我的心中。只有我能夠在我的內心拼湊病患明著或暗著告訴我的經驗，只有他的經驗能引起我的共鳴，我才可能知道病患在說什麼，然後告訴他，他其實在說什麼。然後非常奇怪的事情就會發生：病患不會覺得我是在談他的事，而是會覺得我在談我和他共有的經驗。《舊約．申命記》說過：「所以你們要憐愛寄居的，因為你們在埃及地也作過寄居的。」

我們只有對他人感同身受才能理解他人。自我分析不過是意味著向全部的人類經驗（不管好壞），抱持開放的心態。我最近聽過布伯（Dr. Buber）的一句話。他說他雖然反對審判艾希曼（Adolf Eichmann）[2]，但對艾希曼沒有特別同情，因為他發現他和艾希曼完全沒有共通之處。但我的看法與布伯相反。我在自己身上找

1 譯註：語出自古羅馬劇作家泰倫斯，原話為：我是人，因而人的一切我皆不陌生。

2 譯註：納粹黨衛軍中校，二戰時屠殺猶太人的主要責任人和組織者之一，執行「猶太人問題最終解決方案」，二次大戰後前往阿根廷定居，後來遭以色列特務逮捕，公開審判後絞死。

到艾希曼。我發現一切都在我身上，惡徒也好，聖徒也好。

如果我分析自己，我主要不是想發現某些兒時的創傷，而是想讓自己敞開內心所有的非理性成分，以便我可以了解我的病患。我不必尋找它們，它們就在那裡。因為我的病患無時無刻不在分析我。我得到的最好分析不是在作為病患，而是在作為分析師的時候得到的，因為只要我設法回應病患，並了解、感受他的內心世界，我就必須望向我自己的內心世界，喚起病患談及的那些非理性情感。如果病患覺得害怕而我壓抑我的恐懼，我就永遠無法了解病患。如果病患是接受型性格（receptive character）而我不能喚起我內心的接受性（或曾有過但還殘存一點的接受性），我就永遠不能了解病患。

精神分析的訓練課程應該包括歷史、宗教史、神話象徵學、哲學，也就是說應該包含人類心靈的所有主要產物。但今日的情形卻相反，學精神分析的人被要求鑽研心理學和擁有心理學博士學位。我認為這只是浪費時間（我有把握很多心理學家會同意我這個看法）。他們這樣做是因為他們被迫如此，否則就拿不到國家承認的學位，那是他們要得到執照的條件。在大學裡教的學院派心理學幾乎不談精神分析意義下的人（有動機、有難題的人）。你充其量會學到行為主義之類的東西，但行為主義就定義來說就是把人排除在外，因為它強調的是研究人的行為和如何擺布人的行為。

分析師不應該幼稚天真，也就是說，他應該按照世界的樣子認識世界，並對正在發生的事情持批判態度。如果一個人不是對普遍意識（general consciousness）和世界中的真實力量持批判態度，他又如何能夠批判別人的心靈，批判對方的意識？我不認為有人能辦到。我不相信真理是可分割的，不相信分析師看不見所有其他事物，卻能夠洞察個人心理的真相。如果一個人是半盲，他就永遠看不出來個人心理的真相。但如果一個人的心靈是完全覺醒和敞開，那不管是個人的真相，還是社會的真相，又或是藝術的真相，他都能夠看得一清二楚。

一個人必須有批判性，才能看見表象背後的事物。我相信除非一個人有批判性，了解形塑某個人的社會力量，否則他就無法了解這個人。光是知道病患在家庭裡發生過什麼事是不夠的。那對於充分了解病患也是不夠的。只有覺察到他生活在其中的整個社會環境，覺察到所有對他有衝擊的壓力和因素，病患才可能充分覺察到自己是誰。我相信精神分析本質上是一種批判性思考的方法，而要能批判性地思考著實非常困難，因為那是和當事人的利益相衝突的。沒有人會因為有思想和有批判性而得到晉升。除非從長遠來看，否則沒有人能從中得利。

依我之見，社會分析和個人分析其實是不能分開的。它們都是對人類生活現實的批判性觀點的一部分。讀巴爾札克的小說大概比讀心理學文獻更能讓人理解精神分析。比起世界上所有的分析方法，巴爾札克的小說更能訓練分析師在進行分析時了解病患，因為他是一位偉大的藝術家，能夠以極豐富的方式撰寫個案史，深入到人的無意識動機，顯示出他們與社會環境的相互關係。巴爾札克的企圖是描寫他那個時代的法國中產階級的性格。如果一個人真的對人及其無意識動機感興趣，就不應該讀教科書，而是應該讀巴爾札克，讀杜斯妥也夫斯基，讀卡夫卡。他們可以讓你比讀精神分析文獻（包括我的書）學到更多有關人的東西。他們的作品包含豐富深刻的洞察。那是精神分析可以做到和應該做到的。

人們（特別是精神分析師）今日應該要學的，首先是看出本真（authenticity）和虛假外在的分別。事實上，這種意識現在已經大大減弱。大部分人都把話語當成事實，這本身便是一種錯亂，但我認為大部分人同樣看不出虛假外在與本真的分別，儘管他們在不自覺的層面看得出來。一種不常見的情形就是，一個人在白天認識了另一個人，覺得對方非常好，很喜歡他。不過在晚上睡覺時，他卻夢見那人是個殺人犯，是個小偷。這意味著他在潛意識裡察覺對方不老實。不過在認識對方的時候，他並未意識到對方是個不懷好意的人，因為那個人可能對他說了些好聽的話，讓他受寵若驚。我們在夢中是老實的，比我們白天醒著的時候要老實得多，因為那時候我們沒有受到外界的影響。

如何處理病患的依賴性

〔展開一段治療關係意味著雙方彼此信任。如果病患問我是否信賴他，我就會回答：〕「我目前信賴你，但我沒有理由信賴你，而你也沒有理由信賴我。過一陣子等我們有了一定的互相了解之後，再看看是否可以信賴彼此。」如果我說「我當然信賴你」，我就是在撒謊。除非他是一個非常異乎尋常的人，否則我又怎能信賴他呢？有時我會認識一個人五分鐘之後就信賴對方。有時候我斷然知道我不信賴某個人。這就太不好了，因為那樣的話將沒有分析治療賴以進行的基礎。

有很多情況會讓我謝絕對一個病患展開分析治療。例如，如果我覺得我不信賴這個人，但我看出來他有可能作出一些改變，我就會告訴他我不認為他非常值得信賴，但仍然覺得可以一試。如果不是這樣，我就會找一些不會冒犯他的理由來拒絕，表示我不認為我們能為一起努力作好準備，建議他另請高明。

我絕不會對任何人說，也從來沒有對任何人說過，他無法接受分析治療，或他無法被幫助。我深信沒人有資格說這種話。我不是上帝，無從知道一個人是不是鐵定無藥可救。我是有可能在私底下認定一個病患無藥可救，但我憑什麼那麼相信自己的判斷，可以當面宣判他死刑，指出沒有人能夠幫他的忙？所以我從來不會用這種話來結束首次面談。如果我覺得我不適合治療某個人，我就會設法把它轉介給別人。這不是推卸責任，而是我強烈相信我有責任幫他製造任何機會，而我自己的判斷絕對不足以讓我認定沒有別人治得好他。

就減少依賴性的問題而言，依賴性在每一個個案中多多少少存在。如果你有一個病患近於思覺失調又對分析師有著極端的共生依戀（symbiotic attachment），在其中完全迷失自己；又如果他和宿主沒有不可動搖或不可斷裂的紐帶，你會發現在很多前思覺失調或思覺失調的病患中，有著和母親或父親型人物的共生關係。這時刻是他們應該面對自己獨立自主的必要性時刻，儘管這可能會帶來精神崩潰的危險。我這樣定義共生關係：「雖然當事人已經過了少年時期，但個體化的過程仍然沒有發生。」

佛洛伊德相信，透過研究病患的內心深處，病患對正在自己內心深處發生的事情的頓悟，應該可以導致病患的人格發生改變，把症狀治癒。我要指出這個觀念真的非常異乎尋常，因為現在和過去都有人認為把那麼多的時間花在一個人身上是不值得的。現在由於一切都求快，所以對精神分析最重要的反對意見，是它仍然花太多時間。

差勁的分析治療當然是越短越好，但深入和有效的分析卻應該像必要的一樣長。我們自然應該嘗試一些方法，讓分析治療的時間沒有超過必要所需。但認為值得花幾百個小時去關心一個病患這種想法，卻是佛洛伊德人本主義的一種表達。精神分析太花時間這一點並不足以構成反對它花時間的理由。又如果有人把它說成是社會問題，認為一個人不值得那麼多的關注，一個人沒有那麼重要，那只是一種合理化說詞。

認為病患必須支付治療費才可能康復的想法，和《福音書》所說的「富人進不了天堂」剛好相反。我認為這種想法純粹是胡說。因為問題的癥結在於一個人付出了多大的努力。對一個非常富有的人來說，付治療費根本無關痛癢。事實上，這樣做還可以抵稅，所以去接受治療總是受到歡迎。如果一個人不在乎他有沒有付治療費，那麼說他付得越多越快康復，是因為他作出了更多的犧牲，其實是一種非常自利的合理化說詞。事實上，這是一種現代的思考方式：珍惜需要花錢買的東西，對不用花錢買的東西不屑一顧。其實，如果你付得越多，你有可能越不珍惜精神分析，因為你已經習慣了購買。這是一個事實。當人們有錢，他們不會特別珍惜他們購買的東西。

〔對群體精神治療的有效性，〕我非常存疑。我從來沒有從事過群體治療，也極度不喜歡。我就是不喜歡看見一個人在十個其他人面前談自己的私密事情。這種事我受不了。我也懷疑這種精神分析是供付不起二十五美元費用的人使用：十人群體治療的收費是五十美元。分攤下來便宜多了。

事實上，我能夠想像，特別是對青少年來說，群體治療可能非常有用。如果他們不是病得嚴重，群體治療可以幫助他們看出他們有共同的問題，這樣，只要給他們一些初步的好教導，一些初步的好建議，他們的問題就可能減輕，而這是一件好事。但我並不認為它足以代替精神分析。精神分析是一種個體化和個人性的方法，我不認為它有轉用於群體治療的可能性。在這方面，我是個個人主義者和老派的人。

我相信今日群體治療的風氣為了共同閒聊的緣故，已經把隱私減低得越來越少，導致一種反人類和反人本主義的態度。我認為除了在非常特殊的個案，這種情形並不會有利於治療。有關病患與分析師的關係是人為的，這樣的說法並不能打動我。兩個人之間的愛的關係一樣是人為的，因為他們不會在大眾前面做愛，而他們最親密的時光也不會與十個其他人共享。在這個隱私越來越少的時代，對於群體治療有大量合理化的說詞。

8 精神分析過程的功能和方法

喚起無意識的能量並展現替代選項

喚起一個人的無意識能量是所有分析治療工作的核心。我可以為此舉一個例子。我記得有一個四十多歲的人來找我，問我他痊癒的機會有多高。他有一些精神官能症症狀，但還能夠應付，生活大致保持正常。我告訴他：「坦白說，如果要我打賭，我不會賭你可以獲得痊癒，因為你已經和你的問題共同生活了四十年。我們沒有理由認為你會發瘋或者早死。所以你會以相同的方式再活三十年，會繼續不快樂。但既然你忍耐得了那麼久，就沒有理由無法繼續忍耐下去。問題顯然沒有太嚴重。」接著我又說：「如果你有極端強烈的意志和願望想要改變你的人生，你也許會有機會成功。我願意利用這個機會來分析你。但如果你問我，我認為客觀來說成功的機率有多高，那我會說不太可能成功。」如果想要鼓勵一個病患，這就是最好的方法了。但如果他為此消沉，那他最好不要開始接受治療，因為如果他不能接受我所說的，就代表他缺乏基本衝動，沒有力量喚起他的能量。

上述我所說的個案並非一體適用。例如有些人生性比較恐慌和焦慮，所以如果你這樣告訴他們，他們就會陷入恐慌，無法思考。遇到這種個案，你必須以不同方式回應。我說這個例子是要指出，除了在分析治療以外，在日常生活中看出人們的智力也非常重要。如果你問我為什麼大部分人都會人生失敗，那我想理由就是他們從來不知道決定性時刻來臨。如果我現在就知道要是我做某種事情，比方說直接或間接接受一筆賄賂，最終會讓我成為不快樂和心靈破碎的人（因為此後我將會繼續接受賄賂），我的幸福意識和緊急能量就會大力開動，讓我決定說：「我不要。」但我們卻偏好給自己藉口：「不要緊，我只是跨出一步，到最後我還是可以改過來。」那麼回過頭來看，確實可以說很多人的一生是被決定的，從來沒有獲得自由的機會。但你只有在回顧時才能這樣說。如果他們從一開始就清楚看出他們做某件事會導致什麼後果，他們就有機會成為完全不同的人，因為那時候他們還沒有病得那麼厲害，心靈還沒有破碎。

談到分析治療，我認為分析師的一項很重要的工作，是向病患顯示真正的替代選項。以非常斷然的方式說出，或者是以謹慎的措辭說出，讓病患自己意會。如果被分析者有阻抗心理，不想聽懂分析師的措詞，就會導致他什麼都聽不出來。這時，你就必須用吼的。我這裡說的「吼」不是字面上的意義，而是指說出一些病患不能忽略的話，一些因為太有挑戰性讓病患必須回應的話。

真正察覺自己的處境之所以那麼重要，是因為它是一個讓人們改變的契機，可以讓人們內在的能量開始作用，但如果能量早已枯竭，那就無能為力了。我們（又特別是分析師）必須對於這些能量的存在懷有很大信念但又不至於天真。有很多人的能量都是微弱之極，以致不可能有所改變。這可能是因為他們的年紀，也可能是因為他們的內心早已殘破不堪，讓人看不出希望。所以，認為一個人必然會以正面的方式完全面對他的人生是愚蠢的。病患也許不會如此，不過大多數時候，這都可以幫助他覺察到他的方向和他整個生命的替代選項。這是分析師最重要的任務之一。

幫助被分析者覺察他的替代選項，是對他的分析治療的一部分。那不是在表達價值判斷。它只是陳述，指出有某些力量存在，如果你往這個方向走就會這樣，往那個方向走就會那樣。這些是唯一的替代選項，沒有其他辦法。大多數人都是陷在不可能的解決方法中：你想要自由，但你又想要和父母一起待在安穩的環境裡。你想要自由，但你又想要依賴。這是行不通的，你是不能這樣期望的，那只是虛構的。就如同你不能既想法獨立自由，又同時相信廣告與大多數人相信的那一套。你不能兩者兼得。但大部分人都想要妥協，而這就是阻抗的其中一種形式。只要我一日希望奇蹟出現，相信在現實中不可能發生的解決方法，我就什麼也做不成。

性慾的昇華、滿足和禁慾

昇華是最可被質疑的概念。我非常不相信有昇華這回事存在。但那是一種非常流行的概念，非常容易深入人心。昇華讓人想到化學反應：人身上的各種驅力就像化學反應一樣昇華掉了。

我想用一個簡單的例子說明我的懷疑。有個普遍的精神分析見解是，一個人會選擇當外科醫師，是為了昇華他的施虐癖（根據較後來的解釋則是為了昇華他的死亡本能）。也就是說他本來有傷害人的衝動，有折磨人的衝動，但他不把這種衝動直接表達出來，而是以間接方式表達。佛洛伊德會說是「力比多表達」（libidinous expression）。我相信這不是事實。外科醫師與施虐癖者有著完全不同的動機。當然有些外科醫師也許是以傷害人為動機，但我可以肯定他們是世界上最差勁的外科醫師。

事實上，外科醫師是以快速治癒病患的願望為動機。他們有著快速判斷的天賦，有著手部靈巧的天賦，所以，外科醫師是以非常正常的人的天賦和願望為基礎而行動。這是為什麼他們動手術時會冷靜客觀和非常理性。如果外科醫師是一個隱性的施虐癖者，那他應該正好缺乏這些特質。他將會有著隱祕的快感，將會在不應該動手術的時候動手術，將會在不應該把人切開的時候把人切開，將會受到那些他被認為昇華了的衝動所驅策。這些情況不會憑空冒出來。再說，即便我們可以昇華施虐癖，我們的施虐性格一樣會保持不變。對於有更多外科醫師，還是有更多精神分析師是施虐性格，絕對是一個有爭論的問題。外科醫師與老師的之間的情況也是如此。

如果有人說很多老師是有控制慾的施虐癖者，我會非常贊成。但我不認為這些老師得到了昇華，因為他們非常能夠配合環境的限制，並非常直接地表現出他們的施虐癖。有些老師打學生打得兇，但我們的教育體制卻讓老師不會因此受懲罰，所以他們也沒有昇華可言。其他老師則是傷害學生的自尊、傷害學生的敏感性、傷害學生的尊嚴，用言語代替教鞭來傷害學生。他們何來的昇華？每個人都會在環境的限制下用最無害的方式抒發他的激情，但這些抒發方式的功能是完全一樣的。所以我才會說整個昇華的概念是站不住腳的。

很多人用想像去擺脫他們真正想要擺脫的惡習，假定自己如果能夠充分體驗它就能克服它。其實這樣做毫無效果。因為你本來就知道自己的毛病，它不是新鮮事，你去體驗它也不會體會得更深刻。我想這種理路基本上是一種阻抗。你也不能硬性改變它們。

所以，分析和實踐應該攜手並進。如果有人表示「我馬上就停止這樣做」，我認為這可能是一個好的解決辦法。另一方面，如果你反過來，認為你做得越多會對自己認識越多，我會認為這是一種合理化藉口。最好的方法大概是有限度地限制該行為，看看會發生什麼事。換言之，我認為若干程度地改變行為，又同時對改變行為的經驗進行分析是最好的方法。這是我能給予的答案，但這是沒有標準答案的問題，因為每例個案的情形都不同，所以一個人人適用的答案並不存在。在每一個情景和對每一個人而言，答案都有一點不同，我們永遠不知道它是不是對的。

禁慾和分析禁慾之所以比行為和分析行為更有價值，是因為它是新的嘗試；在施虐經驗中體會到的是原本已知的事情。當然，在分析施虐經驗時，我們應該深入每一個細節而不是泛泛而談，例如應該探討我在施虐經驗中是什麼感覺，它的意義為何，它和一般的施虐有什麼關係等等。但在這些探討都已做過之後，我們就可以來一個新的嘗試，看看如果我改變的話會發生什麼事。因為這會帶來新的經驗：我在接受分析時從未嘗試這樣做過。

起初，你可能會發現這樣做的人（禁慾）會在某個時候設法停止，因為他受到了深深的焦慮和深深的不安全感攻擊。這會極端有幫助，因為這樣我們就能看出，這種設法停止的行為是在防止焦慮。然後我們就能進而分析焦慮。但只要繼續那樣做，焦慮可能就不會出現——它常常具有防止焦慮冒出來的功能。這種焦慮不會外顯，除非你把行為停止。我不想引起誤解。我不是要你戒斷。但禁慾的能力是進一步治療和得到救贖的前提。我也不是要你硬來。我只是要你做一個實驗，看看暫停禁慾一或兩星期會發生什麼事。這和要求你永遠不要再那樣做大相逕庭——那是一個威脅，一種勒索，永遠不會產生作用。

一般來說，很多作為形成症狀基礎的焦慮，只有在症狀受到挫折時才會顯現出來。佛洛伊德曾經這樣說過，而我認為他基本上正確。他說：「分析治療應該盡可能在匱乏之中進行，在一種禁慾的狀態下進行。」他這話大概有一點言之太過。不過基本上，如果你做出你想透過分析治療擺脫的事，那分析治療能夠做的就很有限，因為你會無法觸及潛在的焦慮。你無法觸及你用症狀來建立的防衛，無法觸及這些症狀具有的阻抗。

依我之見，對於變態，只有在當事人感覺苦惱的時候才應該加以治療，也就是說除非當事人感覺變態對他構成非常大的困擾，分裂了他的生活，違背了他的價值觀，否則我不認為變態是必須治療的。不過我倒是認為它是個嚴肅的問題，因為一個人必須問自己，所謂的變態和他的性格元素有什麼關係。在某種程度上它確實是一種退行或固著，讓人無法跟女性或別人產生更充分的關係。某個意義下，這個問題和同性戀類似。我不認為同性戀是病，卻認為它會限制一個人的成長，只是限制性比施虐癖和受虐癖要小。所以不要高高在上地批評同性戀不是真愛和充滿自戀心態了，你以為你自己是誰？

辨識阻抗

分析治療中最重要的事情大概就是辨識阻抗。首先揭櫫阻抗現象，對這現象了解得最透徹的分析師是賴希（Wilhelm Reich）。事實上，這是他對精神分析的主要貢獻。我認為他的其他貢獻非常可疑和有問題。他另一個同樣重要的貢獻，在於他是繼果代克（Georg Groddek）之後唯一認為克服壓抑需要放鬆身體的人。他在《性格分析》（*Character Analysis*, 1933）中很強調這一點。

阻抗是最詭詐的事情之一，不只在精神分析中如此，在任何設法成長的人的生活裡也是如此。人有兩種非常強烈的傾向。一是向前邁進，這種傾向從人出生的時候便開始，因為人在出生時有離開子宮的衝動。不過人同時又極害怕新的事物，害怕自由，害怕冒險，幾乎有著一種和向前邁進同樣強烈的往後退縮傾向。這種害怕新事物的心理，這種害怕不習慣事物的心理，這種害怕不確定性的心理，全都表現為阻抗，表現在人用各種藉口阻止自己向前邁進，阻止自己做大膽的事。

阻抗絕對不只是精神分析中的一個難題。事實上，包括阻抗或移情在內，大部分會在精神分析時討論的問題都是重要得多的一般人類問題。那些在精神分析時被討論的問題，它們的影響力相對有限，因為畢竟不是有太多人接受分析治療。但在一般人類生活中，阻抗和移情卻是最強而有力的情緒力量。

人們在合理化阻抗反應時會無比狡猾。而所有的阻抗中，最值得注意的是感覺狀況改善。我們對於任何改善都應該深感懷疑，而不是滿意和高興。因為非常常見的是，感覺狀況改善只是妥協的開始，是為了讓自己滿足：「你看，我病得沒有先前嚴重了。」因為滿足，你會覺得做到這個就夠了。於是你便不會邁出決定性一步，不會透過向前邁進徹底解決問題。所以對狀況改善心存懷疑非常重要。有些失敗要更勝於成功，因為就像尼采所說的：「殺死我們的事情會讓我們更強壯。」當然有些失敗是致命的，但總的來說成功是最危險的事情，會讓人跌倒。它通常也要阻止你向前邁進。

阻抗當然有很多其他形式。有一個病患的阻抗表現在他用夢境來淹沒分析師，讓分析師聽他講述夢境一聽多年。他固然善於做夢，但他做的夢卻和他的心靈無甚關係，所以分析他的夢並不等於分析他這個人。

另一種阻抗是閒談。佛洛伊德的一大發想是用自由聯想來代替催眠。他會碰碰病患的額頭然後說：「每逢我碰你的額頭，你想到什麼就說什麼。」他認為這是一種比催眠暗示更有效、更快的方法。這頗為有道理，然而到了後來，碰額頭的部分被取消了，改為病患一律想到什麼就說什麼。所以病患就談人生的各種瑣事，反覆敘述自己母親說過的話、父親說過的話、丈夫說過的話，大談他們夫妻因為什麼事情而爭吵，而分析師則盡責地仔細聆聽。這當然是一種分析師不應該允許的阻抗，因為病患所說的話都和他的問題完全無關。病患講述這一次或那一次爭吵的無聊細節只是要把時間填滿。這基本上是一種阻抗。

我記得在懷特研究中心一堂討論課上，一位分析師談論一例個案。我聽了一小時之後說：「她的談話內容是那麼的瑣碎，我不懂你怎麼有耐心聽上一小時。」那病患說的全是有關她和男朋友的通話過程，有時是她打給他，有時是他打給她。此外，她又想知道自己應不應該打電話找他，彷彿這是一件重要的事。那位分析師回答我：「不，她是非常認真的。那對她而言是非常重要的問題。」然後他很慷慨地說：「我有錄音帶。」他徵得病患同意播出錄音帶。播出五分鐘之後，全班學生都笑了，他自己也笑了，因為從病患的聲音明顯聽得出來，她就像任何人一樣不認真。她的話語毫無意義。換言之，自由聯想被當作自由閒談。當一個人開始談一些毫無意義卻被認為與心理問題相關的事情時，自由閒談就會變成僵化、無生氣的行為。在這種情形下，什麼都可以與心理問題有關。所以，依我之見，那位分析師應該做的是打斷病患的話，對她說：「妳所說的一切都是在填滿時間，毫無目的。我感到非常無聊乏味，不打算聽下去。」我為什麼應該聽下去呢。聆聽一個小時的廢話是不恰當的，你不能為此得到報酬。而再多的報酬也不足以補償這種犧牲。另一方面，聽了這種廢話而收錢也是不正派的。

在很多情況下，病患和醫師都有一種非常祕密的君子協定，同意不會剝削彼此的睡眠。病患想要滿足說話的欲望、被分析和得到改善，但又發現他和分析師都是必須過日子的，而他不想讓自己變得太讓人困擾，希望一切可以平順，所以過了一陣子之後，雙方就找到一種理想狀態：在這種狀態中，病患大談所謂重要的問題，但沒有人會真正受到困擾。我並不是說所有分析治療都是這種情形。是不是佛洛伊德派沒有差別，它們的差別只在講那些老套：說你固著於父親，所以愛上那個父親型男人。或是說你從母親那裡得不到足夠的愛，所以愛上那個給你很多母愛的女孩。這些話都是沒有意義的，只是一種阻抗。

移情、反移情和真實關係

分析治療中另一個重要難題是移情。移情是人類生活中最重要的難題。如果你問為什麼有些人會把子女獻祭給摩神（Moloch）[1]，為什麼有些人會崇拜墨索里尼或希特勒，或為什麼有些人會把生命獻給某些意識形態偶像，答案就是它們都是出於移情的現象。佛洛伊德派的移情概念頗狹隘。佛洛伊德認為（大多數分析師仍然這樣認為）：所謂移情，就是把你對兒時重要人物，例如父親和母親的感情轉移給分析師。病患在很大程度上真的會這樣。

沙利文舉過這樣一個例子。有個女病患在接受了一星期的分析治療之後，臨走時這樣說：「醫師，原來你沒有絡腮鬍。」沙利文蓄了一小撮鬍髭，但下巴剃得乾淨。一整個星期下來，女病患出於移情，把他當成父親。她甚至在視覺上把他看成父親，將父親的絡腮鬍也轉移到他的臉上，因為在她心裡，沙利文和她父親完全沒有分別。這是較狹隘的移情概念：小孩把感情轉移給一個重要人物。不過這大概不是移情的本質。一般意義的移情要重要得多。

移情表示一個人需要他人去負責任，而這個他人也許是給予無條件的愛的母親，也許是給予獎懲的父親。即便一個人從來沒有父母、沒有童年也是一樣。只要一個人沒有成為完全的人，沒有充分獨立，就會有這種需要。不只當一個人兒時有欠缺的話是這樣，當一個人非常無助，當他因為文化給他的錯誤訊息而感到非常混亂、非常害怕和非常不確定時，他都會渴望有一個人可以成為他的偶像，讓他可以說：「這是我的神。」這個人愛我，引導我，獎勵我，因為我無法自立。

移情是一個人沒能自由的結果，所以他需要找一個偶像來相信和崇拜，好克服他對於世界的害怕和不確定。成人的無力感在某個意義下不亞於小孩。如果一個人完全成長，完全獨立，就可以不那麼感到無力，但如果他做不到，他就會像小孩一樣無力，把自己看成被一個他不了解和充滿不確定性的世界所圍繞。所以，一個小孩會出於生物理由尋求一個大人（父親和母親）的保護，一個成年人則是出於社會和歷史理由尋求父親型人物和母親型人物的保護。

移情現象除了會出現在一個精神官能症患者，或不切實際的人與分析師的關聯，還會出現在他們與很多其他人的關聯。這些其他人有可能是老師、妻子、朋友或公眾人物。我會這樣定義精神分析中的移情：和另一個人的非理性關聯，那是可以在分析過程中加以分析的。其他情境中的移情也是非理性的關聯，但它們是不可分析的，沒有攤開在台面上。

1 譯註：古代腓尼基人所信奉的火神，以兒童作為獻祭品。

只要一個人被權力打動，只要一個人想要被有權力的人物保護，他就會對對方表現出像病患對分析師那樣的崇拜和高估。不管對方是他的教授、一位政府官員，還是他的牧師，機制總是一樣的。只有在分析中，這種特殊種類的非理性關聯背後的需要才可以獲得揭示。

移情不是單純的重複，我們面對的是一個人要別人滿足他的需要。例如，如果我感到軟弱、不確定、害怕冒險和害怕下決定，我可能想找一個自信滿滿、行動果決和強而有力的人當靠山。我自然一輩子都會尋求這樣的人。我會尋求這樣的上師、指導教授或分析師。另一方面，我又可能是個非常自戀的人，認為所有批評我的人都是白痴，所以我認為我的分析師是白痴，我的老師是白痴，我的上司是白痴。這些全都是移情現象，只不過在精神分析中，只有能被分析的，我們才稱為移情。

分析師和被分析者是在兩個不同的層次交會，一是移情的層次，另一是反移情的層次。在反移情中，分析師會對病患有各式各樣的非理性態度：他害怕病患，想要得到病患的讚美，想要得到病患的愛。這太糟了，事情不應該是這個樣子。他應該透過他的分析達到一種他並不需要任何愛的立場，但情況並不是總是這樣理想。

我不認為分析師和病患之間只有移情，它只是兩人關係的一個面向，更基本的面向是他們彼此交談的事實。在這個電話和無線電大行其道的時代，兩人交談被認為不是什麼大不了的事，但分析師和病患的談話在我看來卻是最不得了的事情之一。他們不是談雞毛蒜皮的事情，而是談非常重要的事情，即談論病患的人生。

撇開移情和反移情不論，治療關係的特徵是它涉及兩個活生生的人。病患如果不是因為有精神方面的疾病，他可以意識到分析師是什麼人，而分析師也可以意識到病患是什麼人（這不全是移情）。我想，關於精神分析技術有個非常重要的事實，就是分析師必須雙軌並行：他必須讓自己成為病患移情的對象並對此加以分析；但他也必須讓自己是一個有血有肉的人，並以有血有肉的人的方式回應病患。

關於分析夢境的一些提醒

分析夢境是我們在精神分析治療中最重要的工具。不管是病患所說的話、自由聯想或口誤，都沒有像夢那麼具有披露性，而我就像佛洛伊德一樣相信，夢與夢的解析是理解無意識領域的康莊大道。對於我是如何看佛洛伊德和榮格觀點的差異這個問題，我事實上既非這一派也非那一派。

佛洛伊德不只指出夢是指向過去，還假定夢的內容必然是被扭曲的，而夢的真正含意（佛洛伊德稱之為「隱性的夢」），必須從顯性的夢去推敲。反觀榮格卻認為夢是公開的訊息，沒有被扭曲。我不認為此說正確，並且認為榮格之所以誤解許多夢，是因為那些夢的訊息並不是那麼開放的。

我在《被遺忘的語言》（*The Forgotten Language*）一書中就兩種意象作出區分，一種是偶然的意象，一種是普遍的意象。例如，如果我夢見一座城市、一棟房子或者某段特定的時間，那我就是在處理偶然的意象，而只有透過病患的自由聯想我方能知道那是什麼意思，否則我就會無從得知。

茲舉一個例子說明：

有個人首先夢見他在一棟密閉的大樓裡面。起初只有他自己，接著是和一個女的在一起，但他害怕別人會認出他來。接下來他發現自己和女孩在沙灘上，踏浪散步，但當時是晚上。在這個夢的第三部分，他完全是一個人，右手邊是一片廢墟，左手邊是懸崖。

這裡你不需要藉助自由聯想，因為這個夢使用的是普遍意象。我們在這個夢中看到的是向內心深處的退行。在意識的層次而言，做夢者和一個女的在一起（這表示他已婚），人在大樓裡，而大樓是母親的象徵。他為自己和女孩在一起感到害怕。接著他仍然和女孩在一起，但當時是晚上。最後他完全獨處，只有和殘缺的母親（也就是懸崖和廢墟）在一起。從這個夢本身我們即可看出病患的核心問題，無須推敲或藉助自由聯想。（不過我總是要求我的病患進行自由聯想，因為我發現有很多夢都代表有重要的事情被壓抑著。）

以上的夢境是由公開的訊息構成，但有很多夢是有重要的事情被壓抑著。對此，榮格給了我們一個很好的例子。在他身故後出版的傳記裡記述了他的一個夢境。他夢見：

> 自己必須殺死齊格菲。所以榮格就出門去殺死齊格菲。榮格感到非常內疚，又害怕會東窗事發。讓他極為受用的是，突然下起大雨，把所有犯罪的痕跡沖走。榮格醒來後心想：「我必須推敲出這個夢的含意，否則我就必須殺死自己。」他想了又想，最終斷定殺死齊格菲意味著殺死他自己身上的英雄，所以他的夢是他的謙遜的一個象徵。

這個夢其實是被扭曲的，因為在其中，西格蒙德（Sigmund）[1]這個名字被改為了齊格菲（Siegfried）。這是整個夢唯一被扭曲的地方，但這就足以讓榮格看不出來，他在夢中所做的，正是佛洛伊德說他一直想做的事：殺了他自己。榮格甚至不明白一件很簡單的事：為什麼他會感覺如果他不能正確理解這個夢，他就必須殺死自己。這一點真正所指的，當然是如果他沒有誤解他的夢，他就會殺死自己。所以，他找出了一個正好和夢的真正意思相反的解釋。

由此我們可以看到，夢有可能會受到扭曲，受到完全的壓抑，會讓人做出似是而非的解釋。這種事並不是那麼罕見，所以榮格所認為的，夢的顯性內容總是和佛洛伊德所說的隱性的夢一致，並不正確。

在許多方面，我所說的普遍意象就是榮格所說的原型（archtype），不過要把榮格的理論說清楚有一點困難，因為他把自己的理論說得很精采的同時又常常說得不是那麼清楚，所以要精確說明他的每一個概念也是有困難的。不過，他的原型概念是個豐饒的概念。我們也可以從人本主義的立場來強調，由於人類在他非常基本的生命狀態上總是一樣的（既像動物那樣是被決定，但人類又擁有自我意識），所以人對生命為他設定的問題只有很少的解決方法可以選擇。方法可以是退回到母親的子宮，可以是透過服從父親找到安全，也可以是追隨各種偉大宗教和人本主義哲

1　譯註：佛洛伊德全名西格蒙德・佛洛伊德（Sigmund Freud）。

學的教導。（即透過發展人所專有的能力，特別是理性和愛，達到與世界新的平衡與和諧。）換言之，人可以用來回答生命問題的答案是有限的，他必須作出選擇，而用來表達這些答案的意象也是有限的。它們是普遍的，因為人只有一種。

人能夠作出的選擇不多。例如英雄的意象是象徵一個敢於冒險去尋求個性化的人。《舊約》裡的亞伯拉罕是個英雄，因為他遵照上帝的吩咐：「你要離開本地、本族、父家，往我所要指示你的地去。」作為意象的英雄總是一個敢於為追求獨立而冒生命危險、敢於離開確定性而投入不確定性的人。這事實上就是人的命運的一部分，是人的一種可能性。另一種可能性是不敢為追求個性化去冒險，固著於母親、家園、血緣和土地，這種人從來無法個性化，無法成為一個獨立的人。

該什麼時候和如何告訴病患夢境的意義要視乎情況。如果病患在第二小時就向我講述夢境，我十之八九不會回應太多，因為我會假定如果我為他解析夢境，他將無法理解。不過有些人非常敏感和喜愛詩歌，如果他們不是在精神異常的邊緣，應該會了解我的解析，因為他們不太受語言文字和具體事物的束縛。不過我也可能在第二小時告訴那個夢見大房子和廢墟的病患：「你看來害怕你和生命的關係被切斷，害怕被死的、廢墟般的、沒生命的東西所糾纏。」因為該病患正好就是這樣。

我如何利用夢境端視我是否認為病患在當時能夠理解。我不會太謹慎，除非擔心病患可能不理解。很多學生在討論課時談到他們的個案，而我又建議他們把看法告訴病患時，常常會說：「但我害怕病患受不了。」我的第一個反應通常是：「唯一會受不了的人是你，因為你害怕把脖子伸出去。你害怕病患憤怒和情緒不安，而你又對自己的解釋沒有充分把握。」要能夠真正意會到夢境的意義，一個人需要有大量經驗和非常敏感，需要有所謂的「同理心」。

9 克莉絲汀：從一則個案史論治療方法及對夢的理解

前三回的治療過程和第一個夢境

報告人：這是一位我從一年前開始看診的女性病患。我在頭三、四回分析治療時盡量寫筆記，之後就少寫了。不過我把她的夢境都記下來。我可以告訴你們頭幾回治療的情形、病患的一些家庭背景和她的一些夢境。

病患克莉絲汀（Christiane）二十八歲，非常有吸引力，穿著講究，非常大方，世故，有線條俐落的下巴，但眼神非常呆滯。她來找我的時候說她上星期非常憂鬱，因為那是她的結婚五週年紀念。她在二十三歲結婚。她在同一星期還接到了前男友的電話。我姑且把她的前男友稱為「烏維」（Uwe）。兩人聊了好一陣子，他們都承認還愛著對方。這時她馬上談到，她父親反對她和烏維來往，因為烏維的興趣是藝術，主要是寫詩。她父親非常欣賞她的丈夫，後者畢業於知名大學。

她說她的婚姻非常不快樂，而上星期，在找她的婦科醫師接受例行檢查時，她提到了她的不快樂，還提到自己從來沒有性高潮。醫師和她談了一下，然後把我的名字告訴她。所以她就打電話給我。她以前從沒想過要接受分析治療，但感覺這說不定是一個好主意。

雖然她過著她所謂的「好生活」：住在非常漂亮的公寓，金錢寬裕，她有很多朋友，生活無所欠缺。但她卻發現自己非常不快樂，覺得自己的婚姻沒有未來。她丈夫三十歲，並不知道妻子不快樂，還以為他們關係和睦。向來都是由她處理生活瑣事，如果家裡什麼物品壞了，負責找大樓管理人的是她，儘管夫妻倆都上班，她白天也不在家。她丈夫的重心是放在工作上。他是經理。她形容他做事一板一眼，在公司和在家裡都是如此。

夫妻倆很少性生活，大概一個月才兩、三次，但過程都無聊乏味。她丈夫有早洩的問題，通常交媾一分鐘就會射精。她想要離婚，但又對這個想法感到害怕，因為她知道她離婚將會讓父母極度難過。

克莉絲汀在一家大公司負責人事方面的工作，每年收入十五萬美元。稍後她又透露，她從一筆信託基金也可以得到數目差不多的收入。她大學是讀文學，讀研究所的時候換了一所大學，得到經濟學碩士學位。這其中有一些細節值得注意。她有一些朋友住在她讀研究所的大學那一區。她最初申請的是文學研究所，但她填寫入學申請書時很匆忙，寫得很馬虎，所以不讓人意外地遭到拒絕。然後她改為申請經濟學研究所，並獲得錄取。談到她的學業時，她文靜，焦慮，相當孩子氣，說話像是個十八或十九歲的人。她明顯感覺不舒服，不知道要說什麼，只說一切都讓她不快樂。當我追問她時，她說和女兒在一起讓她快樂。她有一個一歲大的女兒，日間由保姆照顧。除此之外，雖然她有很多朋友，但她沒有特別快樂，也認為一生中從未感覺過特別的快樂。她說：「我覺得自己被一件情感緊身衣束縛住。我一直是一個非常循規蹈矩的人。」

佛洛姆：我有個問題想問一下。她首先提到她不想離婚是因為怕父母難過。她沒有提過小孩的問題嗎？因為小孩還小，所以離婚的話應該會歸她撫養，是這樣嗎？

報告人：對，她完全不覺得這是一個問題。因為她的工作和信託基金讓她不缺錢。

她說：「在十七歲遇到烏維之前，我一直非常聽話。有一次我和他待在一起一整晚，我父母氣瘋了。那是我第一次反抗家裡，在這之前我一直都很順服。」烏維已經結婚，住在杜塞爾道夫。他是從杜塞爾道夫打電話給她。他們本來就一直零零星星地保持聯絡。從十八歲交往到二十歲，她偶爾會和烏維做愛。她享受和他在一起的時光，但這段關係不可能有什麼結果。

佛洛姆：她和烏維在一起的時候不會性冷感嗎？

報告人：即使和烏維在一起，她也不曾有過高潮。在第一次接受治療的前幾天，她每天和烏維通電話，有時是一個小時，有時是一個半小時。她說如果他住得近的話，兩人一定會出軌。基於豁出去的心理，她後來把烏維從杜塞爾多夫打長途電話給她的事告訴丈夫，但只說這麼多。她丈夫聳聳肩，沒有置評。

克莉絲汀說她的婚姻出了問題，但這婚姻本來被認為是佳偶天成。「我父親認為那是一樁好親事，我母親也這樣認為。他們總是在重要的事情上指點我。」她父親是大公司的總裁。這時候，她說：「我今天早上，就在來這裡之前，做了一個夢。」

夢境一：我在婚禮上要當伴娘，但我穿的卻是量身訂製的連衣裙，而不是正式的禮服，所以我不能履行我的職責。

克莉絲汀不知道這個夢是什麼意思，只不過她不喜歡格格不入的感覺。

佛洛姆：我們已經聽過這個女人的情況，聽過她頭三回治療的情況。她是個二十八歲的女人，她感覺不快樂，生理上說感到憂鬱。任何人都會因為嫁給自己不愛的人而感到不快樂，會因為自己直到二十八歲還是父母的囚犯而感到不快樂。當一個人總是做父母想要她做的事，而不是依照自己的意思做，她又怎麼會快樂？但她不知道她為什麼不快樂。她認為她有一樁不快樂的婚姻。

以下我想談談一種說話方式。今天大多數人都是這樣說話的。有些人說他們有（have）一樁不快樂的婚姻；有些人會說他們有一樁快樂的婚姻。當任何人說「我有一樁快樂的婚姻」時，你可以猜得出來他們的婚姻不太可能太快樂。因為一個人不可能擁有（have）一樁不快樂的婚姻，也不可能擁有一樁快樂的婚姻。一個人只可能對與丈夫或妻子在一起感到快樂，或感到不快樂。但婚姻現在卻變成了一件財產——我擁有一樁婚姻。現在大部分人會說：「我有一個問題。」但他們並不擁有一個問題，可能問題本身才能擁有一個問題。

當一個人說「我有一個問題」的時候，他是什麼意思？那不過是用財產關係來描述一種心靈狀態的掩飾之詞。以同樣的方式，我們說：「我有一個丈夫」、「我有子女」、「我有一輛車子」、「我有一樁好婚姻」；「我有失眠」，而不是說：「我不能睡眠。」一切都是用一個與to have相連的名詞來表達，而不是用一個動詞：「我不能睡眠」、「我不快樂」、「我愛」或者「我不愛」。用一個和「我有」（I have）相連的名詞，而不是用動詞來說話的古怪之處，在十八世紀已經被人提到。杭士基博士（Noam Chomsky）讓我注意到，有一個叫杜馬塞（Du Marsais）的作家曾為文談及，用「擁有什麼」來表達感覺或狀態是多麼錯誤的事。

當然，如果你說「我有一樁不快樂的婚姻」或「我有一樁快樂的婚姻」時，你其實是在保護自己，讓自己不用去體驗什麼，因為它變成了你擁有的財產之一。馬克思曾經說過，人們都是談愛（love）而不是談去愛（loving）。愛變成了一個名詞：「我有愛」、「我給你愛」、「小孩得不到足夠的愛」，或者如常常所說的：「很多的愛」（much love）[1]。這讓我想到半磅的乳酪。什麼是「很多的愛」？我只能去愛或不去愛。我可能愛得熱烈些或沒有那麼熱烈，但說「很多的愛」或「小孩沒有得到足夠的愛」，則類似說小孩沒有得到足夠的牛奶，或沒有得到足夠的食物。所有用與to have相連的名詞來說話的方式，都是為了讓人可以逃避體驗。

我提這種說話方式是為了替克莉絲汀說她有一樁不快樂婚姻，或她有婚姻問題的說法下一個註腳。什麼是婚姻？兩個人生活在一起、合法結了婚謂之婚姻。但婚姻在這裡卻變成了一種事物，所以它可以是快樂或不快樂，可以是好或壞，而切身的體驗則消失了。

我相信在分析治療中很重要的是向病患指出這種說話方式，指出它的功能是什麼。這種情形不只見於與to have相連的名詞，還見於很多其他地方。我不是要

1 譯註：這是「給你很多的愛」（much love to you）的縮略，常寫在信尾作致意語。

用英國哲學學派的方式分析語言，只是想要顯示人們確實在說些什麼，和他們為什麼要那樣說話。它常常也是了解夢境意義的重要線索。我常常可以讓病患覺得恍然大悟，因為我可以輕易證明有某種無意識動機存在於一個人的說話方式中。

茲舉一個例子。你常常聽見有人說：「看來我做不來。」何謂「看來我做不來」？在誰看來？為什麼會看來這樣？事實上，當一個人說「看來我做不來」，他是要透過這句話把他的責任卸去。如果他說「我相信我做不來」或「我感覺我做不來」，他的話會比較接近事實。但他不想那樣說，因為那會透露太多，所以他就用非常不切身性的「看來」二字。他也大可以說「上帝相信我做不來」，或「占卜卡說我做不來」，或「星象說我做不來」，或「書上寫的歷史法則說我做不來」。「看來」可能不代表某種無意識深處的事物。它通常更像是是一種修辭方式，因為它和人的社會性格有關。所有人都用這種修辭，因為在我們今日的文化裡，我們習慣了把事物從已經存在的經驗裡推開。

克莉絲汀沒有覺察到這一點。她只覺察到她有一樁不快樂的婚姻，但沒有覺察到她必然會不快樂。倒不妨在她接受分析治療一、兩小時後便告訴她：「我不驚訝妳會不快樂，換成任何人都會不快樂。」我記得有一次有個好萊塢劇作家來找我。他是個頗有天分的作家，但向我抱怨他正面臨創作瓶頸。他認為自己無法再創作。他告訴我他在好萊塢的生活，而我告訴他：「沒有人過你這樣的生活還會有創造力。如果你想要有創造力，必須重新當個老實人。如果你繼續生活在那種環境，你的才華將無法像多年前那樣發揮出來，而當時你還沒有被環境毒害得那麼深。」

分析治療重要的是看出來，並且讓病患知道，當一個人不快樂，當他有這樣或那樣的問題，這種情形一點都不神祕，不是一種怪病，往往是心理狀態結合外在環境而產生的合理結果。這會產生某些症狀，情形就像有些不健康的飲食會引起身體不適症狀。這當中一點都不神祕。當然，盡可能揭開所有這些過程的神祕面紗也很重要。這表示不再相信這是必需由專家來對付的怪事。

早在精神分析被發現和成為一門科學之前，人類這幾百年來應對問題的方式就像有精神分析的幫助一樣好，甚至更好。不錯，如果正確應用，精神分析確實很有用，可以加快和加強一個本來沒有沒有那麼容易的過程。但是，前幾個世紀的人還沒有那樣的迷惘，還沒有任何關於生活的行為指引：他們的文化賦予了他們價值意識、目標和方向感。反觀今日我們卻沒有這一類事物，讓人感覺單靠自己無法擺脫困境。

我指出克莉絲汀總是透過妥協來限制自己。最清楚的例子是她本來想要讀文學研究所，但卻因為父母的意思，去讀經濟學研究所。然後我們又看到她對父親非常依戀。在這裡我們當然可以問：一個佛洛伊德派的人會如何看待克莉絲汀？

從佛洛伊德派的觀點來看，答案一清二楚：這是一種女兒對父親的典型依戀，具有性的根源。對此我們能做的是分析早期經驗、早期性願望、性幻想等等。然後被壓抑的亂倫願望就會浮現出來。如果浮現得夠多，這種依戀就會消解，因為它已經被帶到了意識層面。病患可以自由地把她的力比多轉向父親以外的其他男性，父親固著將會獲得消解。這是佛洛伊德派的觀點。

但依我之見，每個小男孩在很年幼的時期就會對女性有一些性慾，小女孩對男性亦然。一個人出生的時候不是中性的，而佛洛伊德發現不只在青春期是這樣，在相對年幼的時期也是這樣。我們還知道小男孩不只會迷戀母親，還會（這是我們從佛洛伊德研究的「小漢斯」個案和其他個案得知）對同年齡的小女孩感興趣。小女孩的情況也是如此。

此外，我們還需要知道，人對所迷戀對象的著迷是出了名的善變。這一點我們從成年人就可觀察到。如果兩個人純粹是被對方的性吸引力所吸引，唯一的紐帶是性而沒有其他事物，那麼他們的親密關係將不會長久。保守估計是六個月，時間有可能會長一點或短一點。要和另一個人發生深刻和持久的紐帶需要的是別的因素。性是最不重要的，僅具備最少的約束力。但我要指出有一種情況例外，那就是極端變態者的情形。如果有兩個人在一起，他們一個是施虐癖者，而另一個是受虐癖者，又如果他們的變態是如此之深，以致很難找到別人來滿足他們的特殊品味時，那麼他們的性紐帶就可以維持一段相當長的時間。但這不是通則。所以，認為小孩會迷戀父親或母親到十五歲，是相當違背性紐帶原則的看法。

真正具有巨大影響力的是情感紐帶。母親養育、保護和讚美兒子，她的愛是無條件的，這讓人感覺她像大地，像大自然，是兒子的歸屬之處，是家之所在。對小女孩來說，父親除了是一個值得崇拜的人，還有著母親沒有的功能：他仁慈，他會教導她，諸如此類。

我會說我們對早期性依戀的了解，對理解這個沒有太多幫助。我不是說我們不應該探索它們，因為我們有可能總是找得到某些被壓抑的特別事物，比方說父親也許曾經設法勾引小女孩，或母親曾經設法勾引小男孩。這些勾引並不少見。它們的多寡按照社會階級的不同而有差異。例如，農民和年紀夠大或不夠大的女兒睡覺的情形是頗為常見的。在比較高的社會階級，這種事通常不會發生。較高階級的男人有夠多和夠細緻的方法勾引女兒在感情上依戀他們，而不表現出任何外顯或太外顯的性慾成分。

我不是說我們應該取消早期性依戀的問題，但我們不應該預期只要找出病患有什麼性創傷，我們就會真正知道祕密所在。祕密其實非常簡單。就像任何其他人一樣，克莉絲汀需要感情，需要保護，需要有人教導她，需要有人指引她，需要有人讚美她，需要有人給她溫暖。父親是給予這些的人，當母親是像克莉絲汀的母親那麼冷漠和自戀時尤其如此。家裡沒有其他人可以讓她獲得某種紐帶感，獲得某種被關懷感。

父親太疏離，無法給予太多關懷，但他顯然還是有給予一些。所以克莉絲汀是在對母親的恐懼中長大，因為害怕她沒有循規蹈矩的話，父親會不再愛她，所以這個女孩生活在一種不斷被勒索的處境中。如果她不乖，她擁有的唯一東西，也就是父親的愛，就會消失。她一直是那麼害怕，不敢去想她可以為自己的人生做些什麼；也沒有冒險犯難精神，以致她仍然自覺卑微，不去表現自己、不去活出自己的人生、不去找一個她可以愛的人。烏維有可能是她愛著的人，但我們無法知道她有多認真。如果單獨與她的丈夫做對比，烏維確實是個值得愛的人。到目前為止，這個三角組合沒有什麼特別不尋常的。在她最初接受分析治療的三小時，我們可以看出來她並不是非常適應。她一直有防衛心理，她說她想與丈夫離婚是要證明她不再需要依賴任何人。烏維就是在這個時候上場。

在第一個夢中，她在一場婚禮上，穿著量身訂製的連衣裙。這夢表示她不應該結婚，不應該舉行婚禮。基於以下的理由，我對她在夢中擔任伴娘這一點不會有太多看法。每個夢都有像劇情的東西。我是指每個夢都是一齣短劇，做夢者同時是導演、演員和編劇。夢是做夢者安排的戲劇，她可以夢見任何東西，但每齣戲劇都有自己的邏輯。一旦我創作出某種劇情，劇情就會有自己的邏輯。通常我們沒有必要討論夢的每個細節，這樣做不會特別有作用。如果克莉絲汀想要掩飾夢中的婚禮是她的婚禮，她會選擇擔任伴娘是很正常的。她就連在自己的夢裡也沒什麼自由，所以在自我審查後將夢境修改了。

我認為解夢有兩種方式，一種是最大化解釋，另一種是最佳化解釋。第一種方式是把解夢最大化，也就是每個細節都不放過，追求知道每個細節的意義。我則更喜歡最佳化解釋，那就是專門聚焦在夢中最重要的訊息。如果我同一時間關注所有細節，常常會錯過夢的核心訊息。所以我傾向於不要解析太多，避免被各種線索擠得透不過氣。

我通常會問被我分析的人，他們對自己的夢有何感想。然後我會問他們對自己的夢有什麼自由聯想，因為聯想有時很重要。不過更多時候它們是不必要的。我會說有大約五成的夢你不需要聯想便可以了解，因為它們是以完全清晰的象徵符號呈現的。佛洛伊德解夢時只依賴自由聯想，認為夢境的片段只有透過聯想才有意義，所以用聯想來取代外顯的夢境片段。這麼做的話你會得到幾百個聯想，但也因此常常丟失夢境的完整意義。

其實佛洛伊德的解夢方法有極大的獨創性，但我認為如果你以佛洛伊德的方式來解夢，你對病患的了解幾乎不會比原來多。你會得到如璀璨煙火般的幾百個聯想，但如果你問這麼做你可以對病患了解多少，例如他們的潛意識情感、什麼會打動他們等等，那答案將會是沒有增加任何所知。但佛洛伊德透過把夢看成是富含意義的，確實開闢了通向夢境背後的道路。不過我認為他自己的解夢方法十分誤導，而這是因為他的一個特質所引起：他對意象沒有感受力。這就像他對詩沒有感受力一樣。他只對可以用知性去思維的事物有感受力。我想，這是如同英國精神分析學家格洛弗（Edward Glover）說的：「如果我只著眼於病患的自由聯想，那我對病患的了解就不比那些不是精神分析師的人多。」

聲音、手勢、表情、身體姿態，還有說話方式的細微特殊之處，都可以讓我們對病患有更深了解。事實上，要不是佛洛伊德對身為人類的病患那麼不敏感，他就不會發明一種坐在病患背後聽病患說話的看診方法，讓自己失去了理解另一個人的最重要線索。當你看不見一個人的臉，你就會錯失許多了解對方的基本要素。

第二個月的治療過程和第二個夢境

報告人：三星期後，她決定離婚，和丈夫分開。有好幾星期，她丈夫覺得非常難以接受。在決定搬出去之後，他先是搬入同一棟大樓的一戶公寓。但因為克莉絲汀強烈抗議，他就搬到不遠處的一家飯店。在這個特殊時期，她幾乎每一回接受治療時都會哭。她來的時候會裝出勇敢的樣子，面帶淺笑，但很快就會哭起來。這段時期她一天至少打兩次電話給我，不論日夜。她說她無比害怕離婚，但又說這是她非做不可的事。她絕對害怕單獨一個人。我們談了這些事情。說來奇怪，她這輩子從來沒有真正一個人生活過。她直到九年級都與家人同住，然後進入私人高中、大學、研究所就讀，然後就結婚。她從來沒有單獨生活過。這是她第一次膽敢一個人住。

在第二個月的治療期間，她主要談到她家人。她說在家裡沒有人被容許流露憤怒或憂愁。無論心情如何，都要擺出一副笑臉。她母親每天把她關在房間裡練琴（她從十歲學琴到十四歲）。這是例行公事，她母親從來不認為有什麼不妥，而她也不記得自己是否曾在這段期間對母親感到不滿。她把這種事視為理所當然。她在說這件事的時候也沒有感到生氣。當我說「妳談的時候異常平靜」時，她回答：「我以前就是這個樣子。」

她把父親奉若神明。不過父親比母親較常流露感情和較能理解別人。母親從來不會對她做貼心的事，父親則經常在星期六下午讀兒童故事給她聽。我不記得她提到有哪些故事，但在她五歲到八歲時，如果父親星期六下午在家，就會抽空一小時為她和她的朋友們（四到六個女孩）讀故事。他顯然有些喜歡做這件事。

在她接受治療的第三個月，她的前男朋友烏維來看她。他從杜爾塞道夫出發到法蘭克福來。兩人睡在一起，做愛好幾次。做愛的感覺非常刺激。她仍然沒有高潮，但她非常高興有人陪，因為她很害怕獨處。烏維告訴她，他沒打算與妻子離婚，所以看不出來有什麼辦法能夠娶她。這些話是在他們做愛之後說的。做愛減低了她的焦慮感，因為她不時會陷於恐慌邊緣，非常恐懼。這段期間她有很多次額外看診，也打很多通電話。她非常沮喪，常常感到絕望，認為她的情況不可能改善。她離開了丈夫，但生活沒有真正改變什麼。她仍然感覺非常孤單，感覺沒有事情有根本的改變。我談到她對孤單和被遺棄的恐懼，指出她看來就像個仍然需要完全依賴父母的小女孩。

佛洛姆：我不是想找碴，但說「就像」當然是不正確的，因為她仍然是個小孩，需要依賴父母。她就是一個三歲的小孩。她現在就是這個樣子。雖然她有著二十八歲的生理年齡，但那是另外一回事。在當下，她仍然是個小孩。這種差別的重要性相當大。因為當我對某個人說「你的行為就像一個小孩」時，這是一種友善的提醒，意指「別幼稚了」。但如果我說「你是一個三歲小孩」，這句話要震撼得多，因為它更接近陳述事實而不是通俗說法。通俗說法是「你的樣子就像你是小孩」，這裡的「就像」只是片面的事實。「她是一個小孩」則是震撼性的事實，必然會讓她醒覺，但是加上「就像」二字會淡化你話語的重要性。

這當然涉及分析師該如何對病患說話。這個問題非常複雜，我在這裡只想先簡單地談。對一個二十幾歲的人說「你是一個三歲小孩」要大膽得多，因為這話聽起來像個極大的侮辱。但病患會知道事實就是如此，所以效果端視你是如何表達的。你可以用批評的語氣說出，那樣的話就可能很有殺傷性。但如果病患明白分析師不是想要批評他而是想幫他，那同一句話就會因為它的震撼性質而極端有幫助，因為病患早已知道這一點，只是沒有充分覺察到。他會因為分析師看得出來這一點而大大鬆一口氣，因為他本來以為這種感覺是他最沉重的祕密之一（但他原本是把這祕密包裝成別的樣子）。

這樣說的目的不只要讓病患知道，雖然她感覺自己像是三歲小孩，她也是把三歲時的經驗帶到現在，而現在她的生活已無須依賴父母。這是一個非常好的理由，但你在說的時候必須盡可能貼近病患感受到的現實，也就是在更深的層次貼近恐懼感。在更深層次的恐懼感中，沒有「就像」存在，因為加上「就像」之後已經進入理性的範疇。克莉絲汀知道她認為自己是一個小孩子，但卻因為害怕而不敢去覺察這個事實。

報告人：這時候，克莉絲汀做了另一個夢。

夢境二：時間是我的婚禮前幾天，好幾位我的女性密友到我家作客。我們決定到附近的游泳池游泳，但那是一段令人焦慮的時間。有些女孩想去，有些想要留在房子裡。我穿上泳衣，但不知道我穿上了什麼樣的泳衣。有個女孩指出那是樣式過時泳衣，而且很舊。它是黃色的，把我大部分身體包裹住。那是我母親穿的那種泳衣。我在衣櫥裡找比基尼，卻找不到。大家都趕著去游泳，所以我就沒有換上比基尼，穿著舊泳衣去游泳。泳池很大，每個人都很開心。我對婚禮充滿期待，滿心雀躍。突然之間，夢境轉到躺在病床上的瑪塔。瑪塔是把我帶大的老管家，她這時病得非常重，即將死去。她的病非常可怕，所有的內臟都外露。那是很讓人難過的情景，但我母親看來不以為意，視為司空見慣。知道母親不關心瑪塔時，我非常難過。

在我看來，這個夢表示她曉得母親對她和別人其實毫不關心，只是做做表面工夫，心思全在自己的事情上。克莉絲汀再一次對這個夢沒有任何聯想。

佛洛姆：報告人的這種看法並沒有考慮到夢的第一部分。在第一部分，她就是她母親，或者說她感覺自己被迫當她母親。這就產生了弔詭。一方面她準備要結婚，這表示成為一個女人，有自己的人生，但夢境卻用她穿的泳衣來暗示，她必須像她母親，或她必須是她母親，或她必須服從母親。她被迫穿上母親的泳衣是一個惟妙惟肖的比喻：她嫁的是一個母親強迫她「穿上」的男人。所以，她真正告訴自己，或說真正要表達的就是：我不是以我的身分嫁人，而是以我母親的身分嫁人。我嫁給這個男人是因為我母親要我嫁給他。我不是以一個自由女人的身分或出於自由意志選擇而嫁人。然後，她對母親的做法加以補充說明：母親絕對不關心任何人。在這兩個部分中，在這兩個層次的意象中，她說：「我不得不違背自己的意願，嫁給這個男人。因為我母親對別人，包括我在內，沒有半點顧念。所以我嫁給他。」這種想法在夢的兩個部分中表達出來。

在此，我想要提出分析治療過程中一件重要的事情。到了適當的時間點，分析師可以說：「那是你所感覺到的。你感覺的母親是這樣、這樣、這樣。」或者分析師可以說：「那是你感覺到的，而你絕對正確。真的如此。」這有很大分別，因為克莉絲汀不敢認為自己的感覺是對的，不認為自己有任何權利去那樣感覺自己的母親。她只有在夢中才敢表達這種想法，不是在現實生活中。但如果分析師竟然說：「妳是對的，真的如此。妳母親幾乎是怪物。」這將是一種全新的經驗，因為這是歷來第一次她膽敢認為自己的感覺、自己的想法是對的。她一直不敢把這種感覺告訴包括自己在內的任何人。

另一個問題是這個夢有兩個部分。這兩個部分在分析中有必要包裹在一起嗎？出於分析方法上的理由，我會說沒有必要。所有解析都要視乎解析者的經驗，也要視乎夢境的清晰度。但根據我的經驗，我會說夢的兩個部分大多構成一個單元，常常可以互相說明，一個部分可以對另外一個部分構成補充。說來神奇的是，一個本來連三句小說或詩都寫不出來的人，卻可以在夢中那麼精準、那麼藝術地用象徵性語言表達出一個觀念。我們大部分人在夢中都有這種能力。克莉絲汀選擇的表達方式是一齣互相呼應的兩幕劇。她只是用了兩場戲，而這也有助於掩飾。這從做夢人的立場來看是主要的好處：透過用兩種不同的象徵夢見兩件不同的事，她向自己掩飾那些不應該浮現到意識層面的事情。

雖然我有很多年的解夢經驗，但這個夢仍然有一個讓我忍不住感到驚奇的經典表達：一個人會知道他沒有在意識層面知道的事。我們會在睡眠的時候知道這些事，儘管我們把它們掩飾起來。克莉絲汀的夢清楚顯示她知道得很多，雖然那是她醒著的時候會否認和無法觸及的。這就是為什麼我們的夢比我們清醒時的想法更真實。我們清醒時的想法幾乎全是謊言和虛構。為了強調和表達得更清楚，我偏好說我們大部分自覺的想法都是謊言和虛構，而不是說我們大部分自覺的想法都是事實。

克莉絲汀在夢的第二部分將母親和把她帶大的瑪塔作出對比。我不認為兩者是真正可對比的元素。她把自己的母親戲劇化。她說這個女人沒有一點感情，然後她拿出一個真正愛她和關心她的女人作為證據，指出她母親對這個女人絕對的麻木不仁。你也許可以說這個夢暗示著：如果我生病（病得像瑪塔一樣厲害），我母親將不會太在乎。

把「瑪塔的內臟都外露」視為象徵暴露一個人的真實情感，我認為是過度詮釋。在這種情況下，你可以說它表示克莉絲汀的母親認為暴露真實的情感是致命的。這在我看來是過度詮釋。雖然它在理論上是有可能成立的，但從我的經驗看來不對。很多解析都是有可能的，但我們應該從實際上判斷這裡最有可能是什麼意義。我認為那是一種理論建構，是很難證明的，因為這裡要強調的是瑪塔的痛苦，是她病況的嚴重性。實際上是要表達這個。此外，認為「內臟外露」同時是指這個老婦人感情流露這一點則讓人覺得並不是很妥當。不過這詮釋在理論上是完全有可能成立的。

這會帶出的一個重大的問題，那就是在一般的夢的解析中，我們應該緊扣哪些線索。夢是那麼富於人類情感的表達，所以我的選擇是，緊扣我們可以直觀而無需理論建構的部分，和忘掉可以建構理論的部分。因為在建構理論時，你要說什麼都可以。而我們業已知道克莉絲汀在害怕什麼。

接下來幾個月的治療過程和第三個夢境

報告人：在這段期間，發生了好些微妙的改變。首先是她開始談她的生活而不是談她的家人。她在工作上遇到困難，特別是她的直屬上司有時非常獨裁，讓她工作起來處處受限。和我討論這個問題一陣子之後，她決定找更高層的上司談，希望可以轉換職務和升職。她也認為自己薪水偏低，並且希望能夠做更有意義的工作。帶著些許不安，她去談了。在很短的時間之內她就被升職到一個不同的部門，從人事部門改為負責行政管理的工作，手下有大約四、五十人。她非常高興，打電話向母親報告。她母親自然會懷疑她是否能勝任這種與原先不同類型的工作，但她父親卻說：「這很棒，妳轉到不同的部門，將會把妳在工作上所受的訓練派上用場。」因為這樣，她欣然接受了晉升。與此同時，她結束了她和烏維的關係，因為她意識到他們不會有任何結果，儘管她知道這會讓她陷入很大的焦慮。我們還討論了其他事情。不過，離開烏維幾星期之後，她就和彼得開始交往。彼得是她父親公司的高級主管。

不過在和彼得來往前，她已經開始以精神分析的方式思考，非常有興趣討論自己的處境，也對自己的處境有了一些洞察和詮釋。

彼得常常從漢堡搭飛機到法蘭克福出差，每次出差時都會找她。在她和烏維剛分手時，彼得便曾邀她出外晚餐，她最後接受了。她有一點擔心，因為她知道自己非常脆弱、盼望有人陪。她感覺得到因孤單而來的強烈焦慮。有好幾個星期，她每晚輪流去不同朋友家裡。後來這件事情讓她感到無聊乏味，於是她開始彈奏吉他。

然後她和彼得發生關係，大約每星期會見他一次。不到一個月，她和彼得就深深墜入愛河。他們認為彼此相愛。彼得已婚，有三個小孩，是她父親公司的四位副總裁之一。等她父親退休之後，彼得有望升任總裁。大約兩個月之後，他們變得極度親密。彼得一星期會去法蘭克福好幾次，最後兩人的互動是那麼的火熱，以致她認為應該讓父母知道。反正父母遲早會知道。

克莉絲汀問彼得是不是應該讓家人知道。他回答：「我不認為我們應該告訴任何人。只告訴你父母我們會碰面就好。」所以她告訴父母，她和彼得偶爾會見面，相當喜歡彼此。她父母變得非常擔心。他們說：「如果你們之間發生什麼事，就會是一個天大的錯誤。他是已婚男人，有家庭，有自己的未來。他肯定不適合妳。」

經過這番談話之後，克莉絲汀做了以下的夢：

夢境三：我在沙灘上。四周沒有人，我非常高興能夠身處這麼安靜和陽光普照的地方。我一點緊繃感都沒有，完全放鬆。然後某個權威性人物突然出現（她不知道對方是男人或女人）。這個人告訴我，我必須在當天下午策劃一場活動。我不知道那是什麼活動，但我必須離開沙灘。我不知道為什麼我會答應。我見了一些朋友，其中兩位是兒時的女性朋友。她們說：「別擔心，妳做得來的。我們會參加。事情會順順利利的。」我不認為她們的態度有很認真。然後我們位在教區的禮堂，我在禮堂的舞台上張望。然後場景變成是在家中的院子裡，周圍有很多貨車，還有一頂馬戲團帳棚。有很多樂器擺在院子裡。我以為那是我安排的一齣戲，就像我在高中時的那樣。其實是我要表演，但我卻不知道我要表演什麼。我非常焦慮。有人說：「妳要在這座紅色旋轉木馬跳舞。」我看見有一座空間寬敞的紅色旋轉木馬，上面有一些藍色的大象和紅色座位。起初我樂於跳舞，卻感到非常拘謹。

報告人：我告訴她，她希望自由自在地做自己想做的事，但她父母的影響力強行介入。她感到被迫按照父母的指示表演。她在表演的過程中感覺不到自由。

克莉絲汀仍然非常害怕。她絕對害怕繼續和彼得在一起，因為她感覺那將會是一切的終結。她將會因為彼得無法升職而內疚。他說不定還會被開除，而她一定會引起父母的極度憤怒。她說當父母生氣的時候，她無法和他們溝通，因為他們不只認為她做錯事，還認為她讓他們失望。她說：「我總是必須以讓我母親過得舒心的方式活著。」每當她感到快樂時，她母親就看似不快樂。或者每當她做了什麼事讓自己融入這個世界，她母親就會非常沮喪，會狠狠瞪她一眼，就像是說：「看看妳做了什麼好事！」

佛洛姆：我只想再討論整件事情的意義。發生了什麼事？我們首先一定會有一些疑問：彼得是怎麼想的？他在祕密謀畫什麼嗎？例如離婚娶克莉絲汀並因此成為總裁之類的？這並不是太離譜的猜想。這是一盤高賭注的賭局，因為在過程中，他有可能被開除。但如果不是這樣，他為什麼又要冒著失去工作的危險？他為什麼會那麼天真，認為即使克莉絲汀的父母知道他們常常見面，她的父母不會察覺任何異狀？不過好笑的是，那對父母真的很天真。他們之所以天真，正因為他們對女兒不夠關心。如果女兒突然告訴他們她和彼得常常見面，那麼我猜即使智力只有正常一半的人也會想：「他們明顯有一腿，否則她為什麼要告訴我們這件事！」那是對兩人在一起的事實欲蓋彌彰。但她父母卻沒有把她的話當一回事，只警告她真的和彼得在一起的話會有什麼後果。

我想在此指出一點：我們常常稱之為天真或無知的態度，只是關心得太少的結果。對這些人來說，女兒的人生、她做什麼，和她跟誰在一起並不那麼重要，所以他們沒有盡力弄懂她的話的含意，只以表面說法為滿足。這一類父母非常好騙，與女兒的二十多年相處形同白過。因為在這二十年來顯然沒有什麼事情足夠讓她感覺自己有一個家。然後，這些父母驚覺子女做一些讓他們大感意外的事情，因為在他們心目中，他們一直認定子女是為他們而活，凡事不想讓他們失望，所以沒想到子女有可能是活生生的，會做自己想做的事。所以他們便對子女的所作所為不知不覺。同樣情形也見於婚姻中。我記得有一個女人結婚三十年，卻完全不知道丈夫被她逼得快發瘋。

當看見我們會稱之為無知或缺乏判斷力的事例時，始終重要的是，我們應該不去提什麼缺乏判斷力，而是去問自己：難道他們不是因為太冷漠而無法了解更多嗎？我很有把握你可以找到許多父親對女兒的事無知，但對自己的事卻不馬虎的例子。他們對發生在他們公司的事絕不會有半點無知。當一個員工向他們提到公司的什麼事時，他們會馬上知道對方是別有用心。但當他們的女兒告訴他們事情時，他們卻懶得費心。他們不想被拖入衝突中，所以就選擇相信女兒的話。

克莉絲汀會被推向絕望和焦慮是很自然的。彼得告訴她考慮離開妻子兒女，但只要他一天是在考慮，他就一天是在空口說白話。如果一個男人不說「只要妳答應嫁給我，我馬上離婚」，他的話就不值一聽。麻煩在於克莉絲汀極為迷戀對方（站在這種位置的一般都是女方），而彼得極為浪漫，讓她看不見現實，由衷相信對方說他正在考慮離婚的話是有意義的。一個人真的需要一些生活經驗才能擁有我所說的健康的懷疑心態。我推薦每個人去建立這種心態。它可以讓生活更加清晰，讓人免去很多錯誤，不用墮入那些浪漫和善意的騙局。在這種騙局中，人既欺人又自欺。

對於這兩人熱烈互愛的故事，我並不感動。彼得感覺孤單，克莉絲汀也感覺孤單，所以兩人很自然會在一起。這意味著什麼？這件事的本質為何？他八成想著他的工作，他陷入衝突，我會說他相當愚蠢。他為什麼愚蠢？他有什麼算計？我很有興趣知道，因為這個人這樣做是有風險的，而我並不知道他有什麼算計。但顯然他並不是很認真，否則他說的話會有所不同。他可能只是在玩一場高風險的遊戲。

克莉絲汀在這件事情上的感覺是完全不知所措。對此，我會再一次說：「妳當然會不知所措和焦慮，因為妳身處一個難以應付的處境。妳害怕妳的父母。迄今為止，那個男人沒有顯示真正愛妳，似乎只是想和妳上床，在目前又對妳非常有吸引力。這段關係的基礎是什麼？妳已經二十八歲了。」如果她是十七或十八歲，我們可能會認為無傷大雅。如果還是那麼年輕，可以將這段關係當成實驗。但二十八歲已經有點晚。雖然這麼說，但我還是不建議十七或十八歲的女孩做這樣的實驗。

和那個男人在一起是蹚渾水。基本上是一種不誠實的處境。為什麼要讓自己陷入這麼不誠實的處境呢？那不是必要的，也不會對任何人有好處。它只會導致極大的失望，同時讓一個人產生不該有的懷疑心態。我認為懷疑的心態應該與堅定的信念攜手而行，沒有堅定信念的懷疑心態只會讓人灰心喪志，只會讓人自毀。重點是要知道那個女孩（說「那個小孩」會更恰當）是怎麼說的。

報告人：她說她生平第一次得到高潮。她稱他們的關係是她有過最美妙的關係。我提醒病患她仍然害怕獨處。之前她一有機會，就試著和烏維重修舊好。此路不通後，她是那麼的害怕，所以巴著彼得不放。她仍然在掙扎，不知道自己有什麼打算。但她最在乎的是有人給她安全感，讓她不會漂浮不定或者需要獨立自主。

佛洛姆：我們不應該對這個事實掉以輕心，也不應對她得到性高潮一事完全忽略不管。無論何種原因（可能是因為那男人比較沒那麼壓抑、是個比較好的情人，或有著不同的性情），她都是比較自由了。這例個案的奇怪之處是她在玩火。她比較沒有那麼壓抑，能夠讓自己在比較不困難的處境中更放得開。特別是她和丈夫在一起時本來絕對安全，但他卻不給她機會，所以我們可以略過不談。烏維的情形也是如此。所以我會說這是一個症狀，顯示她在基本的事情上仍然沒有取得進步，其中還有值得我們探問之處。在這四個月裡，她和父母的關係有任何改變嗎？

報告人：對，她發生了一些改變，變得有些懷疑父母是什麼樣的人，和他們關心什麼。她父親每一、兩星期會打電話給她一次。他常常會到分行去巡視，常常出差。回到法蘭克福之後，他會打電話給她，每兩、三星期找她吃一次晚飯。她感覺他其實是在做表面功夫。她變得沒那麼崇拜他，也開始對母親表現一點敵意，因為現在她比較看得出來，母親看重自己的事多於看重她。所以，她對家人的看法有些改變，雖然就她的害怕和恐懼來說，她仍然沒有改變。出於某些理由，她仍然非常害怕他們打算遺棄她。

佛洛姆：在另一方面，我們也許可以說她仍然有自己的生命，也就是說，作為一個沒有自己生命的三歲小孩，她自然會害怕給她的生命一些意義的人會拋棄她。我們也許可以說，她之所以仍然害怕被父母遺棄害怕得要命，是由於她不知道該如何生活、該如何當一個人。她去上班，那是非常例行公事的事情，然後她苦苦掙扎。她去看了精神分析師。那一定是一個讓她有點小小安全感的地方，然後她和那個男人睡覺，這讓她再有一點點家的感覺。但基本上這個女人完全意識不到自己是誰，意識不到自己可以獨立自主和做自己喜歡做的事。她完全不知所措，病急亂投醫。

你可能會認為有兩個解釋都通。我們可以說因為她太受到父母的束縛，以致無法想到自己的人生。這是精神分析的一般說法。不過我想你也必須說，反過來說也同樣是真的，甚至更真。因為她對生活一無所知，她對能夠用人生去做的事情、對人生可以意味什麼完全盲目。只要一日沒有眼界（vision），她就必然會繼續恐懼下去。我指的不只是一種理論性的眼界，還是指感覺自己擁有生命，可以用這生命來做些什麼，表達些什麼。

我們在這裡碰到一個大疑問：光是接受分析治療足夠嗎？還是說探索自己的人也必須學會如何生活？這是說她應該有一些用人生來做些什麼事的概念。這個女人就像一個身在沙漠但沒有地圖的旅人。她盼望有人來為她指出走出沙漠的路，因為她害怕口渴而死。這不是一個比喻。她需要一張地圖，這張地圖不只讓她看到她是獨立的，而且看到她可以到哪裡去。她需要知道「人生」是什麼、她是誰和她能做什麼。我說的「能做什麼」不光指現實上的工作。我們還沒有問她興趣何在。

報告人：她對音樂有很大的興趣。她喜愛各種音樂，但自己不彈奏樂器。不過這個時候她感覺想用音樂來表達自己。她一直喜歡吉他，所以開始上吉他課。她喜歡的不是一般吉他而是古典吉他或歌劇伴奏用吉他。

佛洛姆：讓我們暫時忘掉吉他這回事。當她說她對音樂非常有興趣時，她真正的意思是什麼？有什麼證據可以證明她對音樂感興趣？

報告人：證據是她會去法蘭克福歌劇院看歌劇。我想這不是出於一時好玩。她真的喜愛歌劇，對歌劇劇本和作曲家有一些認識。雖然我懂得不多，但我從她說的話感覺她對歌劇不是只有業餘愛好。

佛洛姆：我認為你說的證據對我完全沒有說服力。一個人會不會去看歌劇和他是不是對音樂極感興趣有可能是兩回事，特別是在法蘭克福這樣一個看歌劇可以表現身分的地方。所以這個說法不能讓我信服。當有人告訴我他對音樂很有興趣時，我會問他：「請你告訴我你最喜歡的樂曲是哪一首？」這是一個顯而易見的問題，因為只有這樣我才能多少了解他的意思。如果他回答：「所有樂曲我都喜歡。」那我就知道他所說的對音樂感興趣只是口頭禪。另外我們知道，有許多人會去聽音樂會和去參觀博物館。我很確定真正有興趣的人不多，但你曉得今日每個人，特別是受過教育的階級，都以最得體的方式打發時間，所以你就去參觀現代藝術展，去聽音樂會。但這不是對藝術有很大興趣的反映，只是跟風。所以不能光憑她去看歌劇便說她對音樂很感興趣。

她說音樂對她而言很重要，但我卻對這種說法存疑。她去上吉他課意味著什麼？很多時候這只是打發時間的一種方式。我不認為那必然反映她對音樂有極大興趣。這種情形就像上一代習慣學琴一樣。我不知道現在學吉他的風氣有多普遍。

報告人：我不認為她學吉她只是跟風。彈吉他也許只是小興趣，但在她人生的現階段，那是她想要表達情感的一種方式，情形就像她再度去騎馬那樣。現在她一星期會有幾個早上去騎馬，週末也會去。她騎馬也許是為了讓自己有事可做，但那真的帶給她很多快樂，而且騎馬讓她可以親近大自然。大自然事實上是她的初戀對象。

佛洛姆：她總是愛騎馬。那是一種非常快樂的經驗，證明她沒有完全死去，但沒有證明太多其他事情，沒有證明她在這方面是認真的。她沒有談到她看的書，我猜這是一個她在每回治療的時候不太感興趣的話題。很多人喜歡談我稱為平庸的話題，例如談自己的男朋友說了些什麼，談自己做了什麼事，談了又談，只對私人事件這個平庸領域感興趣，對其他事情一律不感興趣。對於克莉絲汀的情況，我們必須注意的是，這個女人一度對研究文學非常感興趣，但因為父母從中作梗，看來她在這方面不再有一丁點興趣。她一度真正感興趣的事情消失了。所以她過著一種可以稱之為「粗俗」的生活。我所謂的粗俗，是指她的生活侷限在工作、與父母的關係，以及她試圖走出困境的些許軟弱嘗試，在這個小範圍之外，她生活的其他層面是沒有內容的。

對此，一個人能做哪些努力，分析治療還能做些什麼，或應該做些什麼嗎？只要她的生活經驗一天是貧乏的，她又如何能夠為自己建立不是那麼無聊乏味的生活，如何才能夠擺脫對父母的依賴？我認為這是一個非常重要的問題，而在我看來，一般的分析治療對這個問題關注太少，因為它看起來不像一個問題，或看似只是一個小問題。在我們這個有那麼多書本、科學和藝術的豐富文化中，克莉絲汀生活得就像這一切都不存在，世界是空洞的，除了個人瑣事之外沒有事情是重要的，沒有事情讓人感興趣。

第四個夢境和對治療過程的一些思考

報告人：我要報告的下一個夢境象徵克莉絲汀分析治療的低點。夢是大約一個月後所做。這段期間發生的事情如下。克莉絲汀與彼得現在一星期見面大約三次。彼得去法蘭克福的次數比必要的多，但他可以找到藉口。最後他們決定把事情告訴克莉絲汀的父母。彼得這時候開始覺得自己是真正愛著克莉絲汀。他非常認真地說，他們也許可以排除萬難一起生活，但前提是他要能保住自己的工作。這是非常重要的，他不認為自己會為了她而放棄現在的工作。克莉絲汀也說她不希望他為了自己而放棄工作。

克莉絲汀感覺她父親在目前的情況下，有可能會同意讓他們在一起，因為他說過，任何情況下他都會站在她這一邊。她飛到漢堡，把她和彼得的事情告訴了父母。他們的反應是極端沮喪，事實上也非常憤怒。他們心裡想：「妳怎能做出這種事！」

佛洛姆：容我插個嘴。她這裡犯了一個特別嚴重的錯誤：她應該先找父親談。有母親在旁邊她不可能如願。

報告人：她父親在第二天找彼得談話，而彼得說得非常直接。他說：「我愛克莉絲汀，想要娶她。我的婚姻不幸福。」她父母經過商量，到了第三天（星期天）與克莉絲汀、彼得見面的時候說：「我們不能同意你們的事。公司一定會有很多閒言閒語。你的前途一定會受影響。你的職位將不可能再晉升。」夫妻倆表示他們立場一致，反對女兒的婚事。克莉絲汀的父親表示，除非彼得同意作出以下的妥協，否則會被開除。這個妥協就是一年內不能和克莉絲汀見面。如果一年過後他們對彼此仍然有強烈感覺，就可以再次提出結婚的請求。

克莉絲汀深受打擊。她星期日晚上回到法蘭克福，星期一早上來找我。前一個晚上她做了以下的夢。這是她歷來做過最嚴肅的夢：

夢境四：我在一間會議廳裡。我和其他男女大約總共十二個人站在講台上。有人在主持會議，就像要透過投票判決什麼。我們十二人被控告不忠，但具體內容不詳。我們被判死刑，由一個醫師注射毒藥。我父母也參與會議，我的女兒莉莎和他們在一起。亨利不在會議廳裡（亨利是她的老朋友，他認識她家人，對她友好），但坐在會議廳旁邊像新聞發布室的房間裡。會議廳老舊和簡陋，是木頭建築，讓她聯想到教堂。

我們將要死了。犯人被處決的順序已經排定，我是最後一批的其中之一。排在前面的都是有領導能力的人。主要是男人，然後是女人。我不是最後一個，因為我有展現一些領導能力。十二個人的處死次序被畫在一張圖表上。在每個名字旁邊是一個「安卡」（Ankh）符號。那是埃及人的生命之符。圖表上的「安卡」符號是倒過來的，每個人得到的「安卡」符號從五個到兩個不等，我只有兩或三個。（這看來表示她是墊底。）首先被處死的人要比我們其餘等待處死的人好過一點，因為他們不用看著別人被處死。講台旁邊有一間房間，醫師在房間裡。裡面有一張大沙發，就像給人捐血用的那一種，只是更加鼓脹。它就像你在醫院裡躺下來捐血的綠色長凳。它是深綠色的。整個夢都是由綠色、棕色和灰色構成。

處死的過程首先是注射兩次。你先被打一針再打第二針，過一陣子之後打第三針，這一針就會殺死你。會議廳裡每個人都有禮親切，表面上充滿同情。我父母的態度仁慈但疏離。他們告訴我，他們會照顧好莉莎。我不時走出會議廳去看我的朋友亨利，但他態度冷冰冰，對我沒有同情心，只反覆說：「我跟妳說過會有這樣的後果了。」他以一種疏離的方式責備我。我非常需要他的愛和親近，但他不願意給我。我打了兩針，然後帶莉莎去散步。我在我辦公室附近一條人行道上走來走去，那是一條暗而骯髒的街道。莉莎穿著白色蕾絲邊的連衣裙，坐在有著白色和天藍色的漂亮嬰兒車裡。我感到極為恐懼和極為疼痛，但奇怪的是我沒有哭。我回到會議廳，望向鏡子，看見自己非常蒼白，像個死人。四周有哭聲和低語聲。人們站著交談。然後最終又輪到我打針。當醫師為我注射第三針的時候，我醒過來。

當我們談論這個夢的時候，她顯得極為焦慮。父母對待她的方式讓她感覺自己被宣判死刑。他們沒有以任何方式幫助她。他們贊成執行死刑，什麼都沒有做。她感到醫師沒有幫助她，反而傷害她。她感到別無選擇，只能等待死刑的執行。這反映出她仍然服從和害怕父母。

佛洛姆：這個夢就像一篇卡夫卡的小說，極端有藝術性，讓人感受深刻。現在她深刻地看出自己的處境，這種處境只有卡夫卡這樣的大作家才能形諸筆墨。她雖然沒有將處境形諸筆墨的能力，但仍然以極精確、極強烈的方式表達她的感覺。這個夢幾乎用不著任何解釋。她感覺自己一敗塗地，感覺自己走投無路。這是對她父母的一個回應．她也把分析師和她父母相提並論。她不只是說「分析師沒有幫助我」，更是指出分析師和她父母扮演同樣的角色。也就是說，她並沒有認為分析師是站在她父母的對立面，而是認為他和她父母站在同一邊。如果分析師有用較積極的態度反對她父母，這種情形可能是可以避免的。

遇到這種情形，我會非常清楚地說出我對當事人父母的感覺：她母親冷酷無情，她父親軟弱無能。我將會清楚說出我對以下事實感到震驚：他們對她的壓迫是如此之甚，以致她不敢去感覺她是受到壓迫的。每一種真正的長大都是一種對父母的反叛行為，一種個人的反叛。那表示把自己從那些主宰自己人生的人手中解放出來。在每例個案中，一個人想要成長都必須拿出勇氣和願意承受痛苦。所有問題的癥結都在一個人是敢於反抗，還是寧願投降，以及隱瞞這種投降。隱瞞是大部分人做的事。他們容許自己被擺布，又找出方法隱瞞這個事實。

在這個問題上你必須選邊站。在這個問題上沒有中間立場的事實導致一個非常有趣的問題：價值判斷。佛洛伊德和很多人大概會說，對這些父母的看法是一種價值判斷。但是，診斷出一個人罹患癌症是一種價值判斷嗎？說一個人八成會因為這種癌症而死，或者因為實行某種瘋狂的減肥方法而死是價值判斷嗎？那不是一種價值判斷。那是一種對因果關係的陳述，在心理上的有效性不亞於在生理上，不同的只是這在生理上是可證明的。在心理上，你一樣可以在他們生命結束時加以證明。但人們自然不會想知道。

問題在於：在一個人的反叛過程中，分析師可以幫上什麼忙？可以採取什麼積極的作為？他能夠怎樣影響這個過程？我想這是所有教育和所有分析治療一個非常重要的功能。雖然現在的教育明明不是這個樣子，但我還是把它包括進來。教育通常是一種社會制度，其目的斷然不是為了引領人們解放自己，變得獨立。任何社會支持的制度都不是以此為目的，但這正是為什麼教育對人的成長的貢獻一般來說那麼小。分析治療的情形有一點點不同，因為分析師有自由做自己和相對的獨立。

我在這裡提這個一般性問題，是因為克莉絲汀仍然看不見另一個世界，除了她的失敗以外什麼都看不見。純粹出於對他們的心靈是如何運作感到好奇，我有興趣知道她的父母在要求他們一年不見面時是怎樣想的。這對父母要怎麼防止他們見面和睡在一起？他們會請一個偵探監視嗎？這對年輕人會尊重他們的要求嗎？當彼得聽到這種要求時，他是什麼反應？

報告人：彼得的反應是極度不快樂。他繼續偷偷摸摸到法蘭克福去找她大概持續一個月，然後就停止了。他說：「我們沒有別的出路。」

佛洛姆：當克莉絲汀知道彼得為了不想失去工作而拋棄她，她是什麼反應？其實他可以在其他公司找工作，他只是不願意放棄登上總裁位子的機會罷了。

報告人：當彼得決定照克莉絲汀父親的話去做時，她起初非常受傷。我問她何謂受傷，她說是「難過」，而當我問她何謂難過，她最後說出她有時會很生他的氣。他證明過自己有能力，而如果他有更大的勇氣，做法就會不同。不過我猜她雖然憤怒，雖然失望，卻不是因為受到玩弄和拋棄而生氣。她同樣感到自己脫不了責任。

佛洛姆：她當然有責任，因為如果她有事先考慮，就會首先說服父親，在取得父親的同意後再請他幫忙說服母親。她父親雖然未必同意幫忙，但她驟然同時面對父母，後果會是如何，顯而易見。所以我說她沒有竭盡所能。這是她申請文學研究所的翻版：她不敢做她想做的。她明明知道怎樣做會更好，卻沒有用最好的方法去做。她對她父親有相當的了解。這當然不會對她的自尊感有幫助。

彼得一直聲稱很愛她，然而不出所料，當事情牽涉到總裁位子時，事業被證明比愛情更重要。我相信今日大部分人都會這樣選擇。但這種結果對克莉絲汀來說卻是當頭棒喝，因為這是她第一次強烈喜歡和愛上一個男人。這自然會讓她的情緒大壞。

旁人發問：她可能從一開始就知道他們的感情不會有結果。換言之，她早知道父母不會答應。她也許是無法應付這段關係會有未來。

佛洛姆：對，她無法做到。她的所有做法都是沒有方向感的表現，她像小雞那樣到處亂跑，不知道要做什麼，毫無方向感。她跑去告訴父母她獲得升職就是這個樣子。她打電話給她母親。多麼愚蠢啊，但她本來就曉得會是這樣。她感覺自己身處沙漠中，父母是唯一的綠洲。她知道如果她跑出綠洲，就會口渴而死。沒有人會幫助她。她沒有地圖，她沒有指南針，她什麼都沒有。這是她的切身感受，所以你又怎能希望她的行為會有所不同？

旁人發問：如果可能，你會怎樣幫助她獲得她的能量，並開始造反？

佛洛姆：我會很強烈地煽動她造反。無論如何，我都會這樣嘗試。當然我們永遠不可能知道我們煽動別人造反會有什麼後果。但那將會是我的第一個嘗試，因為我知道除非她那樣做，她永遠不可能獲得較好或快樂的人生。她就像處於被催眠狀態，會按照他人指示她做的事情去做。

旁人發問：她和彼得的關係有沒有可能是出於反抗父母的無意識渴望？

佛洛姆：有可能，但這種造反和她有過的其他造反一樣，都是無效的，只會招來新的失敗。你可以在生活中一再看見這種情形。人們想要造反，但他們造反的方式肯定只會招來失敗。他們這是在用狡猾方法向自己證明，造反是沒有用的。例如，有一個兒子有一次對著父親大聲咆哮，指責父親的種種不是，但第二天卻回家為自己行為的幼稚和非理性道歉。其實，如果他將自己的想法清楚告訴父親，他就會獲得勝利，因為那樣子的話，那個父親就會無比難為情。但現在他讓父親重新站在一個優越位置。這種情況經常發生。

所以如果是我，我在克莉絲汀接受分析治療的早期階段時，就會在她和彼得打得火熱之前向她指出，她所做的是一種無效的造反。我會指出這個男人的可能策略，指出他們會以分手收場乃是意料中的事，因為對他來說事業比愛情重要得多。更精確的說，是公司的最高職位比愛情重要得多。

我說這些是因為我想利用這個場合來說出我對治療的觀念。回顧我五年之前進行的治療，我常常會因為我犯了這個或那個錯誤而感到慚愧。分析治療是一個極端複雜的過程，病患所談的事往往不到他所經歷的一半，很多必要的線索都付之闕如。所以我所說的話主要不是針對目前的個案，而是要利用這個個案來談談我對分析治療的想法。我沒有就個案本身表示太多看法，只是要利用個案來表達我的某些觀念。我沒有其他打算。

10 治療現代的性格精神官能症的特殊方法

〔性格精神官能症的特徵是人因為自己而受苦。要治療這種現代的精神官能症，需要有超越古典精神分析的額外步驟。這一節集中討論這些方法。〕

改變自己的行為

首先，我認為治療性格精神官能症，除了分析治療和讓病患自我覺察以外，還必須改變病患的行為。如果一個人只是自我覺察，卻沒有採取相應的行為，所有覺察都不會有效。一個人可以多年分析自己和了解一切，但如果這種了解沒有伴隨著生活實踐上的改變，它將會是無效的。這些改變可能不大，但我們卻不能相信一些左派哲學家的那一套。例如馬庫色（Herbert Marcuse）說過：只有一場革命能夠讓人變得更好，而在革命之前，任何試圖成為更好的人的嘗試都是走回頭路。這在我看來當然是胡說，因為如果發生革命而沒有人改變，那麼革命只不過是在重複革命前的悲慘狀況。發動革命的人有可能不知道什麼才是人類更好的生活。

一個人所應該做的改變非常微妙。他不能改變太多，但也絕不能過度小心。在分析治療過程中，有一件事我認為必須時時記住：一個人如何透過體驗感受來刺激自己並激發新發現。要行為發生改變，一個人必須留意各種經驗，其中又必須特別留意阻抗。否則一個人不管有多少主觀經驗，都會有點陷在一個不真實的處境裡。他應該做什麼樣的改變完全取決於處境。精神分析的一個極大危險是一切依賴分析，是病患相信只有當分析結束，他們才會有所改變。我深信人們必須更早做出改變，問題只在於改變什麼。這些改變不應該是不切實際，不應該是超過一己目前的能力所及。而哪些改變才是切合實際，當然是非常嚴肅和困難的問題。

培養對世界的興趣

第二點是停止對自己過分感興趣。對自己過度感興趣也是精神分析的一個極大危險。那些只對自己感興趣的人在精神分析中找到了一個大肆發揮其自戀傾向的機會。他們認為世上沒有事情比他們的問題更重要。看看那個女性〔克莉絲汀〕個案：她對什麼感興趣？除了她的痛苦、她的丈夫、她的父母和孩子以外，幾乎沒有事情真正讓她感興趣。她是一個受過高等教育的女人，生活在一個書本、音樂、藝術等等，人類文化極度豐富的時代（在這個時代你能夠讀到歷來最精采的書籍，可以聽到各種音樂，有多得不得了的選擇，還可以出外旅遊），但她卻只對自己的問題感興趣，對其他一切一律不感興趣。

只對自己的問題感興趣不是通向痊癒，或者成為一個完整的人的道路。如果一個人只對自己感興趣，他就不能以一種強壯、喜樂和獨立的方式過生活。一個人必須雙腳站在地面，但這個「地面」絕不可以是只有天使能在上面跳舞的針尖（天使可以站在針尖跳舞是中世紀的臆想）。只有地面夠寬闊和夠豐富，只有一個人是以有創造性和對一切感興趣的（interested）方式和世界發生聯繫，他才可以腳踏實地地生活。

「感興趣的」是一個差勁的字眼。今日的英語沒有足以表達人與世界的關係的字眼。「感興趣的」本來是個好字，源自拉丁文的 inter-esse，原指「活在其中」，但今日的意思卻變成幾乎相反。如果有人說「我對這個感興趣」，他的意思其實是「我對這個感到厭煩」，而當任何人說某本書或某個觀念「非常有趣」時，他的意思其實是「它讓我無聊透頂」。那只是一種有禮貌的說話方式。（……）

必須在有精神分析或沒有精神分析的幫助下，防止一個人太過專注於自己的問題和與世界疏離，防止一個人和周遭的一切，例如人、觀念和自然界，太過疏離。（……）

一個人要如何豐富自己的人生？很多人所體驗到的悲慘很大程度不在於他們病得很嚴重，而在於他們把自己與人生中一切有趣的、激動人心和美麗的事物隔離開來。他們只管坐著為自己的問題、自己的罪、自己的錯誤、自己的症狀發愁，但事實上他們可以用很多方式享受人生。他們通常會說：「我太憂鬱了，無法享受人生。」這在某個意義下是對的，但不是全對。他們甚至沒有嘗試去豐富自己的人生，因為他們以為治療自己的最佳方式，是完全聚精會神在自己的問題上。然而那不但不是最佳的方式，反而是最差的方式。

除了聚精會神在自己的問題上，還應該擴大、強化一己的興趣。你感興趣的可以是藝術或很多其他事物，但也必須同時對觀念感興趣。我不認為這只是一種智力消遣。這就是我總是和夏山學校（Summerhill）的尼爾（Alexander Neill）意見相左的原因，他太不注重心靈的培養。我想要的不是對心靈純粹的知性培養，而是心靈的豐富。問題變得非常具體：任何人應該讀些什麼？我認為一個人應該讀些重要的書籍和非常認真地讀。在我的印象中，現代閱讀方法的理念是閱讀時不應該太花力氣，而是應該要容易，應該要簡短，應該可以即時獲得樂趣。

這些當然都是錯覺。沒有什麼值得做或值得學的事物是不需要付出努力的，甚至是不需要作出犧牲，不需要講究紀律。那些八堂課學音樂或學任何事物的課程，不過是想要人們從口袋裡掏錢。這種課程是濫竽充數，卻大行其道。又雖然我們出版了那麼多書，但真正嚴肅認真和可以改變一個人的書卻鳳毛麟角。所以讀些什麼和怎麼讀法是個大問題。

關於閱讀，首先當然是一個人對於自己的人生走向開始形成自己的信念，形成自己的價值觀和方向感。否則一個人必然會被困住。有人認為他們不需要讀任何傳統的作品，因為世上的一切都可以靠自己發現。我認為這是相當愚蠢和無知的想法，因為把世界所有最偉大的心靈結合在自己的頭腦裡，和一切都靠自己發現，其間的差異相去不可以道里計。這種想法顯示一個人非常不認真，顯示他無意去發現新的、令人興奮的事物。大部分人都沒有體驗過獲得或看見新事物所帶來的強烈興奮感。但如果一個人最後沒能建立人生的概念、方向感、價值觀和信念（不是由別人灌輸而是從自己的經驗獲得，也是從積極的、具有成效的與批判性的閱讀中，吸收關於人類思想的偉大指引而來），我不認他可以感到穩固、感到安全和有自己的中心。

這種想法在今日不是非常流行，因為人們認為這種想法獨斷，想要自己找出方向。拒絕向前人創造的偉大事物學習，基本上是無知的作法，依我之見是愚不可及。這是打著追求獨立和拒絕權威的名義，讓自己得不到餵養、灌溉和陽光，得不到人類心靈成長所需的各種元素。一個人在飲食上可以是素食主義者，但如果他在心靈和精神食物上是個素食主義者，拒絕大部分既有的食物，那他的心靈就會嚴重乾枯。

學習批判地思考

在我看來，另一個基本要點是學習批判地思考。批判地思考是人類唯一對抗人生各種危險的武器和防禦工事。如果我不去批判地思考，我就會受到各種影響力、各種暗示、各種錯誤，和各種謊言擺布——這些謊言是自我出生之日起便灌輸給我的。這樣，一個人就不可能是自由的，不可能是獨立的，不可能有自己的中心，除非他能夠批判地或懷疑地思考。

批判地思考意味著變得像小孩一樣有覺察力。小孩比大人還要有批判性。一個小孩看見媽媽對鄰居說：「見到妳真是太棒了。」然後滿臉堆笑與對方聊天。不過，等鄰居走了之後，她卻對丈夫說：「謝天謝地，她走了。」小孩看見這種前後不一的言行會提出質疑。他媽媽或者是用撒謊應付過去，或者是表示生氣，或者是表示難過，又或是對他說：「你小孩子不懂。」這樣的事發生一次又一次之後，小孩的批判性思考能力就會慢慢窒息，最後消失不見。

批判性思考是人類的獨特能力。黑猩猩非常擅長操縱性思考，也就是擅長思考自己要做什麼才能達到目的。黑猩猩的操縱智商在動物中非常優越。在實驗中，黑猩猩解決過我和很多其他人都解決不了的複雜難題。從純生物學的角度來說，我越接近現實，我越是能夠恰當地生活。相反的，我越是不接近現實，錯覺越多，我就越不能以恰當的方式處理生活。

馬克思曾說過一句也適用於精神分析的格言：「要求拋棄造成自己處境的錯覺，就是要求拋棄那需要錯覺的處境。」也就是說，如果不拋棄錯覺，一個人就會讓不健康的處境繼續維持，但這些處境之所以存在和持續，是因為一個人自己製造出各種錯覺。

批判性思考不是一種消遣，而是一種機能。批判性思考不是當你是哲學家的時候使用，而當你回到家就可卸下不用。批判性思考是一種品質，一種機能，是一種對待世界和對待一切的方法。批判性的意義完全不是敵對、否定或虛無，而是要為人生而服務，是要移除從個人和社會兩方面癱瘓我們的各種人生障礙。

在一個批判性思考不受鼓勵的世界裡，批判地思考需要勇氣。不過我們也不必把它需要的勇氣估計得太高。我這裡談的不是批判性言論或批判性行動，身在獨裁統治中的人一樣可以進行批判性思考。不想冒生命危險的人固然不敢說出批判性的話，但他一樣可以批判地思考。他將會比那些被困在自己不相信的思想體系裡的人快樂和自由。有關批判性思考和精神健康、精神官能症和快樂的關係，可以讓人寫好幾本書。如果哲學家們有更具體地談哲學在你我生活中的意義，那麼批判性思考和哲學的切身重要性將會明顯得多。不管你是談蘇格拉底也好，是談康德或史賓諾莎也好，他們基本上都是教人批判地思考。

認識你自己和覺察自己的無意識

我以下提出的三點看法，是對性格精神官能症的古典精神分析方法的非常重要補充。第一個方法是認識你自己和覺察自己的無意識。如果用純粹的知性方式來理解（這是今日流行的理解方式），這番話將毫無意義。覺察自己在今日已經成為口號。就連最不起眼的小公司都用德爾斐（Delphic）神諭「認識你自己」（know thyself）作為公司格言。所以這些文字本身成為純粹的頭腦概念（cerebral concepts）。

如果一個人認真思考這些字眼意味什麼或加以討論的話，它們就會變得鮮活起來。情形就好比你看一幅畫。如果你看一幅林布蘭的畫（我提他是因為他是我最喜愛的畫家之一），你就會發現你雖然看過同一幅畫一百次，卻仍然感到新鮮。它讓你生氣盎然，你也讓它生氣盎然。但如果你匆匆一瞥，只說了一句「這是林布蘭的《戴頭盔的人》（*The Man with the helmet*）」就移步看下一幅畫，你等於沒有看見它。

同樣道理也適用於人際關係。有誰是真正看見別人？幾乎沒有。我們都滿足於視而不見，並且只展示自己的表面。這就是為什麼人與人的互動是貧乏的，但這種貧乏被我們裝出來的友好和掛在臉上的笑容掩蓋。

下一個問題是：何謂「認識你自己」？「認識你自己」不只是覺察我們所做的事，還是覺察我們所不知不覺的事，覺察我們所不知道的事。證明人有不自知的一面是佛洛伊德的偉大發現。他擴大了「認識你自己」這個領域。在一百年前，「認識你自己」基本上意味著認識一切我們對自己的所知。到了今日，「對自己的所知」除了意味著認識我們的意識層面，也意味著認識我們的無意識層面，也就是說，認識我們心靈領域中的最大部分——這部分和平常的意識分開運作，會在夢中或精神疾病的幻覺中顯現出來。

我們還可以用別的方式來描述「認識你自己」。在無意識層面的三維空間裡，「認識你自己」意味著變得自由，意味著變得醒覺。我們大部分人都是半睡半醒，卻相信自己是清醒的。我們只是清醒得足以做那些我們為了過活所必須做的事，而對此，我們有足夠的清醒，有些人還清醒得要命。但對於做我們自己（being ourself），對於超越動物性功能，對於感受自己，我們還需要其他的洞察，需要超越半睡半醒。對於我在設法說明的事情，如果聯想到「佛」是「覺者」，你就會領略到一個具體的比喻。完全醒覺的人就是穿透了生命表層而達到了生命根部的人。

望向大部分人的生活，他們半睡半醒的樣子真的很奇怪。沒有人知道自己想要什麼，會有什麼結果。在難得處理他們生命的問題時，他們都會顯得很無知。但如果是處理生意上的問題，他們卻頭頭是道。他們懂得如何出人頭地，懂得如何擺布別人，但對於生活的問題，他們卻是半睡半醒，甚至連半醒都沒有。

我樂於根據自己的經驗談一談要如何覺醒。在人們都相信他們是清醒無比的時候，要覺察到這種半醒半睡的狀態需要時間。奇怪的是，我們睡著的時候比醒著的時候對自己有更多的覺察。當我們處於睡著或瘋狂的時候（至少在瘋狂的某些階段是如此），我們非常強烈地覺察到自己是主體，是有感覺的人。只不過這種覺察仍然與外在生活分離。它只會在黑暗的時候存在，只有在人擺脫了操縱世界、保護自己和覓食功能的時候存在。

但是，當我們一旦醒來，我們就會睡去。然後我們會失去一切洞察，失去對自己更細微的感覺過程的覺察，變得對一切昏昏沉沉。所以不讓人驚訝的是，人們對自己的生活所知甚少，雖然生活富足卻仍然非常不快樂。人們擁有打造最美好生活所必需的一切，卻發現自己不快樂、不滿足和失望，在人生結束時常常感覺像是從來沒有活過，因而非常怨恨和難過。他們一直都是醒著卻沒有覺醒，而覺醒就是所謂的自我覺察。

想要覺察自己的無意識層面並不一定需要接受分析，需要的只是培養若干興趣和具備若干勇氣去實際體驗。例如，一個人必須有勇氣去體驗：「多年以來，我相信我喜歡這個人，並相信他是個正派的人。但突然間我發現這不是真的。我從來沒有喜歡過他。我始終知道他為人不正派。」

夠奇怪的是，我們也知道我們壓抑著什麼。對這種知識，我們無以名之，因為在這種覺察中，我們覺知的是我們所壓抑的東西。它不是佛洛伊德意義下的「前意識」（preconscious），因為「前意識」是某種接近意識的東西。但那也不是被壓抑的東西，因為那不是完全離開我們的意識層面。它通常是由所謂的阻抗所保護，但夠奇怪的是，我們常常可以發現它。發現的方法或者是透過接受分析治療和由分析師告訴我們，或者是沒有接受分析治療卻突然得到頓悟，並因此而曉得：「我一直知道它的存在。我一輩子都知道。它其實不是新鮮事。我同時知道它又不知道它。」

這種覺察既不是意識層面，也不完全是無意識層面。這種現象甚至對精神分析技術也有著若干後果。我們常常談到病患的阻抗。這是完全有道理的，因為阻礙某些人們害怕的事物浮現的阻抗力量十分強大。不過，一種不太罕見的情形是，當分析師直接告訴病患他看出來，並表示「這是我看出來的。我不能證明，但這就是我從你的話中聽出來的」，這時，病患會說：「你說得對。我從來不知道這是什麼，但我也知道它的存在。」當這種理解被別人強烈、清晰和忠實地說出來、沒有臆想或假設的意味時，當事人可能會說：「老天，對，那就是我。對，你說得對。」

這種事有多常發生，端視阻抗的程度。當阻抗極嚴重時，分析師的話不會有幫助。然而當阻抗不嚴重，當病患的心防不夠森嚴時，病患就可能會馬上得到對無意識層面的覺察。但如果分析師一開始沒有直接說：「聽著，我看出來的是這個。」那克服阻抗就可能需要較長時間。什麼時候該說出來，什麼時候不該說出來，全靠分析師的技術。在有些個案，你什麼時候說出來都沒有分別，因為病患的阻抗極大，以致他回答「你的話是再清楚不過的」之後就沒有下文。還有些時候，分析師把話說出來是危險的。因為病患雖然會說「這是一派胡言」，但他的潛意識深處卻沒有認為這是一派胡言。到第二天或者一小時之後，病患就會感受到強烈的憂鬱，因為他無法承受分析師突然向他揭示的事實。如果整件事情是那麼的壓抑，為什麼他會這樣反應呢？因為他內心深處聽出來這是事實。

我們很容易會這樣思考：「如果我覺知不到它，它就是壓抑著的。如果它是壓抑著的，我就必須找一個精神分析師，接受一年治療。如果我無法這樣做或如果我不想這樣做，那我就不要理會它。」但事情沒有這麼簡單。如果我訓練自己對它敏感，那麼即使沒有精神分析師，我也會有所發現。有一天，我會發現：「事情和我想得不太一樣。」

覺察我們的無意識所必須的敏感性是我們具備的。例如當我們在開車，我們會在不自覺的情況下對車輛發出的聲音極其敏感。我們會注意到最細微的聲音，注意到和平常只有最小差別的聲音。我們可能會想著完全不同的事，全神貫注在眼前的景物，但只要車子的聲音在大小或音色方面有最小的差異，我們會立即發現。

覺察自己的身體

另一個治療性格精神官能症的方法是覺察自己的身體。我所指的覺察自己的身體，有時會被稱為敏感性。大部分人都沒有身體的覺知，因為他們只會在疼痛的時候才會對身體有感覺。但我們不是只有在疼痛時才感覺到身體，很少人可以做到這一點。覺察自己的身體不只是覺察自己的呼吸，還是覺察自己的整個身體，自己的姿勢。這是對覺察自己心靈的一個非常重要的額外補充。對任何接受分析治療的人，我推薦這個方法作為分析他們心靈的一個非常重要的輔助。

取得與身體更大的和諧和重構自己的身體經驗極其重要。我一直有採用愛爾莎·金德勒（Elsa Gindler）的方法，又學了太極拳好幾年。太極拳是要求非常嚴格和非常讓人放鬆的中國拳術，我大受裨益。對某些情況，果代克（Georg Groddek）和賴希提倡的某些按摩方法也可以有非常好的效果。

如果一個人真正學會擺脫自己內在的羈絆，我們也會從他的身體姿勢看得出來。一個有內在壓抑的人和一個擺脫了大量壓抑的人明顯有分別。我們可以從他的身體姿勢和他的手勢看出來，哪怕他並沒有受過增加身體敏感性的方法的特別訓練。覺察身體不只對身體有影響，還對解除內在束縛和建立內在信心有效果，而這種效果是雙向的。一個人的內在變得有多麼自由，他在身體上也會變得有多麼自由。

但絕不可忘記光是身體放鬆並不足夠。我認識好幾個人在身體姿勢上達到了完全的和諧（至少看似如此），但他們對內心的疑難、身分認同、自我感，以及與他人連結的問題上卻處理得不是那麼好。所以我還是強調在精神分析意義下體驗自己的首要性。如果獲得任何覺察身體的方法的幫助，這個方法會更如虎添翼。

我可以透過觀察我的姿勢衡量我的內在狀態。前者會隨後者而改變。如果我的內在感覺較為不好，我的姿勢就會是倦怠和無精打采。如果我的內在感覺良好，我的姿勢就會截然不同。（我自己絕不是良好身體姿勢的榜樣。）身體當然表達了正在發生的一切：一個人的姿勢，他坐著的樣子，他走路的樣子。我們可以從一個人的背部認出他是誰。很多人走路的樣子要比他們的臉更好認，因為走路是一個人最下意識的動作，也因此是最忠實的。同樣道理也適用於手勢。有些人當然會像個拙劣演員那樣學過比手畫腳，但任何有點頭腦的人多少能意識到真誠和作假的分別。

同樣道理也適用於字跡。你有時會看到一些非常漂亮的字跡，讓你忍不住說：

「多麼漂亮的字跡呀！」但有很多時候，一個好的字跡專家會告訴你，有些人的字跡是經過刻意營造的，蓄意要讓人覺得他的字跡非常有藝術品味、非常高雅和非常棒。這種事是可以琢磨出來的。但這種把戲是可以拆穿的。一個好的字跡專家可以看出故作優雅的字跡和真正優雅的字跡的分別。有時不是字跡專家一樣可以看出這種分別。例如，有個人你平常覺得他寫字很漂亮，但當你看到他匆匆忙忙寫出來的字時卻嚇一跳：「老天，這完全是不同的字跡。簡直是鬼畫符。」這是因為他在匆忙的情況下沒有空去琢磨他的字跡。

每一個身體表達，即便是最不著痕跡的表達，也是我們靈魂的即時表達。羅斯柴爾德醫師（Dr. Rothschild）是最有天分的精神科醫師之一，他現在在耶路撒冷當精神分析師。較年輕的時候，他可以光憑一個人的鞋底，就告訴你那個人的性格。他可以從鞋底磨損的樣子告訴你那個人走路的樣子，儘管他從來沒有看過對方走路。從鞋底磨損的情況，他可以看見當事人的走路方式，又由此推斷出對方是怎樣的人。雖然我們沒有這種天分，但我們全都應該培養一種對手勢的了解，對身體姿勢的了解，對走路樣子的了解。然後我們就可以探討那個更加困難的問題：身體象徵的意義。我們的體格不只是我們內在生活的表達，而且某種程度上也是我們是何許人也的象徵。但這是一個非常困難的問題，迄今只有非常少的人探索過，儘管克雷奇默（Ernst Kretschmer）和謝爾頓（William Sheldon）的類型學（typology）非常清楚地顯示出，體格跟躁鬱人格、分裂人格有關係。

聚精會神與冥想

另一個方法是有規律和有紀律地練習聚精會神和冥想。我們的生活無時無刻都被成千上萬來自外界的刺激影響著。我們必須打斷這種情形，在靜與定當中體驗與自身結合為一。專心致志在現代是很罕有的事。人們都是心思散亂。我們一面聽收音機一面說話，又或者同時做三件事。即便我們是在聽別人說話，也是常常心不在焉。

學習專心致志，學會對自己所做的事專心致志，當然是在任何領域取得成就的一個前提。我們毫無疑問地可以這樣說，任何成就，不管是要成為一個好木匠、好廚師、好哲學家或好醫師，全靠能真正地專心致志的能力。「真正地專心致志」意味在你做事情的當下，內心沒有其他念頭，你幾乎忘記了其他一切。這也是和別人談任何值得談的事情的本質。在那一刻，兩個人聚精會神地談他們所談的事情，全神貫注在彼此身上。

自然界為此給了一個好例子：性行為在沒有最起碼的專心的情況下是不可能進行的。如果人們想到了別的事情，例如想到了股票市場，就不可能成功交媾。這是因為交媾需要某種程度的專心才能夠完成。但這只是自然界給我們的一個暗示。大部分人並不理會這個暗示。在人際關係上，他們並沒有聚精會神。

舉一個簡單的例子。美國人不習慣邀請一、兩個人作客，一邀請就至少邀請四或六個人，因為他們害怕和一、兩個人單獨相處所要求的親密或專心程度。但如果是六個人，你就可以談談這個、談談那個，就像置身市集。如果是十個人的聚會，那就更加完全沒有任何專心可言。但如果是兩個人談話，那即便他們談的是非常簡單的事情，只要他們是真正在溝通，那對他們來說，在當下便沒有什麼比交談更重要的事。但如果是心不在焉，談話便等於沒談。

要練習聚精會神，最簡單的方法是坐著，閉上眼睛，設法不去想任何事情，只是感覺自己的呼吸。一旦你想著自己的呼吸，你就不會再感受到呼吸，也就是說你的身體沒意識到你在呼吸。而一旦你開始思考，你就不會再感受到呼吸，因為那時候你會變成思考你的呼吸。這個道理幾乎適用於一切經驗。一旦你開始思考，你就停止體驗。

舉一個簡單的例子來闡明思考與體驗的差異。當舞者回憶一段舞步的時候，她並不是在頭腦裡回憶。她是用身體去回憶，她的回憶是在她的身體裡。她的記憶當然仍會出現在腦子裡，但她不是透過思考得到。事實上，如果是複雜的舞步，那麼當她一思考下一步怎麼跳，她就會亂了套。而她的身體覺察到舞步，有著優異的記憶能力。同樣道理也適用於記憶樂章：你不會去想它而是會聽見它。記憶就在你心裡，但不在思考裡。這顯然就是所謂的去體驗，只是人們常常會忘記這件最顯而易見的事情。

當你坐著，設法不去想任何事情，你會發現那很難做到，非常困難。你會發現很多事情跑入你的心思。你會想到書本，想到各式各樣的事情。這表示你沒有聚精會神，因為你受到很多事情的吸引和分散心思。然後你會看出你在想什麼事情。這是一種很好的自我分析。然後你想到你的工作。你會發現這些事情跑進你的腦海裡。它們在某種意義下對你而言是重要的，但通常不是直接重要而是間接重要。

你必須分析任何跑入你腦海的東西。這是學習聚精會神的要訣。你坐著，看著這些花朵（姑且這樣稱之）。你坐在那裡五分鐘、十分鐘，什麼都不做，只管看著這些花朵。當思緒出現時，你不會氣餒地說：「天哪，我不可以這樣。」應該說：「很自然會出現念頭。」這樣練習一星期，或四星期，或四年，你一定能學會聚精會神。

要學習聚精會神，我推薦一本我認為很有用的書：向智大長老（Nyanaponika Mahathera）的《佛教禪修心要》（*The Heart of Buddhist Meditation*）。我和長老很熟，他這本書是關於佛教的冥想。他是佛教高僧，本來是德國人，現在住在斯里蘭卡，非常博學，身上結合了佛教和德國學問傳統，翻譯過很多巴利文和梵文的佛經。長老是非常有趣的人，有很多成就，非常活躍，非常激勵人心。《佛教禪修心要》精采談論了佛教冥想方法所追求的目標：正念。正念意謂覺察，意謂我在每一刻都充分覺察我的身體（包括我的姿勢）、我身體所感受到的一切和我的思想。充分覺察正是充分的聚精會神。

發現自己的自戀

佛洛伊德的自戀概念是他最偉大的發現之一，儘管他採用力比多理論來解釋自戀的做法有點畫地自限。根據佛洛伊德的理論，當所有力比多仍然內在於自我（Ego）和本我（Id）時，人會產生初級自戀（primary narcissism），然後這種自戀會被轉移給對象。但如果自戀被撤回自我或本我，便會形成次級自戀（secondary narcissism）。這種觀點就像他的整個力比多理論一樣，非常的機械化。如果我們像對待佛洛伊德的其他概念那樣把自戀從力比多釋放出來，以及把力比多視為（榮格就這樣做過）一種更廣義的心理能量，就會看出自戀是佛洛伊德所發現的最重要概念之一。

根據我的理解，自戀者是那種相信真實只存在於主觀世界的人。他的思想、他的感情等等都是真的，它們代表了現實。所以小嬰兒極端的自戀，因為對他們來說還沒有一個外在的現實。精神疾病患者也是極端自戀，因為他們的唯一真實是由他們的內在經驗構成。其餘的人則或多或少也是自戀，也就是或多或少認為自己心裡面的世界才是真實，不考慮他人的立場。我相信要了解人，也就是說，要了解我們自己，了解自戀是最重要的事情之一。但它迄今沒有受到真正的注意，甚至在精神分析的正統派中也是如此。

我必須根據我們的經驗把何謂自戀再說明得清楚一些。假定你寫了一篇報紙文章，或者你正在寫這篇文章然後讀了草稿的頭兩頁。你覺得文章寫得很棒，好得不得了。你把文章給一個朋友看，但他卻不認為那是本世紀的最佳傑作。這讓你深感受傷。你第二天再讀文章，有了完全不同的看法：「這篇東西不行，組織紊亂，意思不清不楚。」對這種態度前後不一的解釋是，當你第一次讀文章的時候，你是處於一種自戀的心緒。自戀的心緒在這裡意謂著和我有關的一切，我的思想、我的情感、我的身體、我的興趣，都是真實的，而世界和我沒有關係的其他部分都是不真實的，沒有顏色，是灰色的，是沒有重量的。我以兩套完全不同的標準衡量事情：凡是和我有關的都是有顏色的，都是鮮活的。我感覺它們是真的，所以它們是真的，我不需要有證明。至於外在的一切，它們不會讓我產生任何印象，我幾乎感覺不到。

以下的例子非常常見，同時也能說明自戀的另一些面向。以一個已婚但需要很多婚外情的男子為例。他本來預期妻子在聽他說了自己的許多豔史之後會感到高興。他對分析師說：「她並不愛我，因為她不但沒有對於我的豔史感到高興，沒有對於我那麼受女人歡迎感到高興，反而一點也不高興。」這個人的荒謬推論顯示，他只有體驗自己的能力，會只因為自己的需要得到滿足而非常快樂，但他完全不了解妻子的心理，不了解她對他的行徑當然會非常不高興。如果她聽他講述自己的豔史並且感到非常高興，那她一定患有精神官能症，因為她這時儼如一個母親聽著兒子大談自己贏了多少場足球比賽。

一個自戀的人一天到晚餵養自己的自戀心理。自戀者是極度沒有安全感的人，因為他的所有感覺都是沒有基礎的，不是奠基於現實。他說的話不是經過思考，不是經過判斷，只是因為這是他所說的，所以是真實的。但他卻極度需要他的自戀獲得證實，因為如果不能獲得證實，他就會開始懷疑一切。然後他會懷疑自己。既然一個自戀者說的話都必然為真，他就不能把話收回並表示：「我下次會想清楚一點再說。」舉一個例子：有個人可能非常聰明，在派對上總是受到崇拜。然後他說了有一點蠢的話，又或者他犯了一個錯誤而被指出來。這可能不是什麼大不了的事，但他卻會陷入深深的憂鬱。他的盔甲被刺穿，因為他失去了認為自己所做的一切都很棒的信仰。由於他的整個存在、他的整個安全感都只是紮根在這個主觀的信念上，所以如果他碰到某個批評他的人或對他失望的人，他就會感覺自己受到攻擊。然後他的整個自我信仰系統、整個自我膨脹系統就會被刺穿，然後他就會變得非常憂鬱或非常憤怒。

沒有人的憤怒會更甚於一個自戀心態受到傷害的人。他會原諒所有得罪他的人，但絕不會原諒傷害他的自戀心態的人。這確實是我們應該記住的。你幾乎可以對一個自戀的人做任何事，但如果你戳穿他的自戀，或傷害他的自戀，則他不管有沒有表現出來，都會在心中狂怒，而且萌生報復之心，因為你所做的事幾乎等於殺死他。

非常自戀的人通常非常有魅力，因為這樣才能讓他們那麼有自信。他們的自信具有感染力。假設有個男人很有吸引力而一個女的愛上了他。她愛上他是因為他非常有自信，而且沒有人比他更有自信。如果他不是那麼自戀，他不會對自己那麼有把握，不會對任何事都那麼有把握。幾個月之後，那女的認為他犯了什麼錯，加以批評。到了這時候，他會愛她已經完全是出於一個理由：她比任何其他女孩更加崇拜他。然而，她現在卻因為批評他而危及了自己的處境。在他看來，她批評他意味著「她不相信我。她是個危險，是個威脅」。他會作出任何反應：要麼對她極兇讓她不敢再批評他，要麼是以她不了解他為理由而離開她。這種理由很常見，在自戀者又特別常見：他們總是認為得不到別人的了解。

自戀者也能以二人組的方式生活。我記得有一個個案，其中的母女二人都同樣深信她們是整個國家裡，唯一乾淨、正派和懂得做菜的人。任何人都會說這是失心瘋，因為這種認為自己很了不起的盲目信念，是自戀的赤裸裸展現。然而當一個人說「我的國家是世界上最棒的國家，我國人民比任何其他國家的人民優異」時，我們卻會說他是個愛國的好公民。沒有人會說他是失心瘋，因為其他人也有和他一樣的信念。其他人也有像他一樣的感覺，而其他國家的人對自己的國家也是這樣感覺。當兩個這樣的國家的人碰在一起時，他們就會產生巨大的恨，因為雙方都必須去保存他們各自的集體自戀。他們在這種自戀中感受到自己很偉大的美妙感覺。

集體自戀是窮人的自戀。有錢和有權勢的人因為有錢和有權勢，所以有足夠的現實去支持他們的自戀。但窮人擁有什麼？我不光是指貧窮的人，而且還是指一般人。他是被雇用的，他沒有話語權，他害怕競爭者，他的一生都處於你死我活的競爭，所以他又能讓誰覺得他不平凡？他能夠打動的大概是他的妻子和年紀還小的兒子。但兒子是會長大的，而他的妻子也會學會不把他當一回事。但當他加入集體自戀，他就可以感受自己是一個國家的成員，感覺「我是最偉大的」，感覺「我比其他國家的人要棒」。所以他就可以沉醉於這種自戀經驗中，但由於他是整個群體的一員，所以這種經驗也是群體所有成員的共識。事實上，這種共識會團結這些人和強化他們，因為他們可以一起表達他們認為自己不同凡響的信仰。這就是他們所謂的國族主義，那是大部分戰爭的根源。

我們可以在家族自戀中找到大量的集體自戀。有一種祕密的家族自戀。想想看那些出身在社會階層略高一等的家庭的母親，她們會永遠覺得自己的娘家要勝於夫家，而她們的小孩從小就聽說母親的家族有多麼了不起，而父親的家族有多麼平凡無奇。也可能是反過來。再來還有他們的階級，因為家庭同時承載著巨大的階級自戀。你就是不會找其他社會階級的人結婚，用來合理化這種做法的藉口，是相同背景的夫妻能更加互相了解。但事實證明並非如此，因為同一階級的婚姻缺乏主動性，缺乏樂趣，讓他們加倍不快樂。

不過，人們的自戀程度則大異其趣。你會看到有些自戀的人離精神異常只有一線之遙。精神疾病患者非常孤僻，因為他們曾被這個世界嚴重傷害過。不過他們也比非精神疾病的自戀者對別人要敏感得多。後者常常非常不敏感，因為他們沒有能力看見、知道或考慮別人心裡想什麼。

非常自戀的人非常斬釘截鐵，因為他不在乎事物的原來面貌。他可以斬釘截鐵地說話，因為他的斷言是依賴他如何思考，而只要一種想法是他的想法，那就一定是真的。試以一個疑心病現象為例。假定有個人認為另一個人是敵人或者對方不喜歡他。這可能是真的。有時候他可能甚至會有些害怕對方會傷害他。這個有疑心病的人會怎樣反應？他會深信對方正在計畫謀殺他，而這個相信是不可動搖的，因為他已經將對對方的敵意轉化為一個事實。那是一個事實，所以他相信這個事實，因為他的主觀感覺已把對方的敵意轉化為事實，是現實所無法介入的。

同樣道理也適用於妄想。假設有個人看見他母親變成了獅子。這常常是夢境的主題。在夢中那是正常的，因為就像佛洛伊德所說的，夢是短暫的精神疾病，在其中我們不會照現實的樣子看現實，而是用主觀經驗創造現實。但如果一個人充滿恐懼地說：「我母親是一頭獅子，她要吃了我。」又看見獅子走進來，認為那是真的，我們就會說他是瘋了。他有一個妄想，即他母親是一頭獅子，儘管這完全是她對母親的害怕所引起。但因為他的主觀害怕等同現實，因為他的感覺會創造現實，他就會真的看到他母親是一頭獅子，而他對現實的感知能力會完全消失。

理解自戀是理解人們的非理性行動和理解自己的關鍵。人的非理性反應很大程度是奠基於自戀現象。要分析一個非常自戀的人極端困難，因為他比較不好接近。他通常會回應說分析師是愚蠢的、有敵意的和嫉妒的，想盡方法要保存他的不凡，因為這幅自畫像對他來說就像命一樣重要。想要改變它必須非常謹慎，非常緩慢。

人們的自戀程度大異其趣。你可以找到極端自戀的人，他們離精神失常只有一步之遙。但你可以找不是這麼極端的自戀者，他們可以透過自我比較和觀察他人，看出來自己的自戀。而只理論性地討論自戀，沒有體驗過自己的自戀、沒有在他人身上清楚看出自戀，這種討論是沒有意義的，因為那就好比談論月球的背面。

自戀是人成長的關鍵障礙。你大可以把各種教誨，不管是佛教的、猶太教先知的、基督教的，和甚至人文主義的教誨，理解為基本上是為了克服自戀而發。這是所有愛的開端，所有兄弟情誼的開端，因為自戀會讓人疏遠彼此。自戀常常被人拿來與自愛混為一談（我在《自我的追尋》中用了一整章談這種混淆）。在哲學傳統中，你會清楚看出來自戀或自我中心完全與自愛不同。因為自愛是愛，而在愛中，我愛的對象是誰並沒有分別。我自己也是一個人。

人對自己必須有一種肯定的、愛的態度。自我中心的人其實是不真正愛自己的人，所以他貪婪。一般來說，貪婪的人是不能滿足的人。貪婪總是由深重的挫折感所引起。滿足的人不會貪婪，對權力或食物或任何東西都不會貪婪。貪婪總是因為內心的空虛導致。有些非常焦慮或憂鬱的人會開始不能克制地大吃大喝，就是因為他們有空虛感。

一個人如果真正想要以成長作為主要目標，他就應該去認識自己的自戀。如果你慢慢看出它來，你就是踏出了很好的一步，又如果你能夠增加對自己的認識，那是最好的。但要認識自己的自戀極端困難，因為當你是自己的法官，也就是說當你會相信你所認為的，又要由誰來糾正你呢？誰會顯示你是錯的呢？從你自己的立場，你不會感覺得到你的自戀。你沒有一個定向點。

舞者練舞是同一道理。舞者常常不知道他們跳得好不好。這就是為什麼他們必須望向鏡子。因為從舞者的純粹主觀感覺出發，他並不能知道自己的舞步是否漂亮，他的時間是否拿捏得恰到好處，他的動作是否迅速，他不知道從主觀要如何衡量這些。情形也像我們的速度感：如果我們沒有任何定向點，我們就不會知道我們的車子開得有多快。在自戀中，別人可以是定向點。他們可以指出你的想法是胡說，還是你空想出來的。人們通常不願意當這樣的討厭鬼，但一個分析師卻可以這樣做，假如他對自己的自戀有足夠的體驗的話。克服自己的自戀是一輩子的工作。

當一個人完全克服自戀，你大可以說他就是基督教所說的聖徒或佛教所說的覺者。或者是愛克哈特所說的「正人」（just man）。不過真正重要的不是一個人走了多遠，而是他有沒有走對方向。

分析自己

最後我想談談自我分析。當一個人開始在餘生的每一天都分析自己，分析治療就成功地結束了。在這個意義下，自我分析就是一輩子不斷地積極覺察自己，以求更加覺察自己的無意識動機、自己心靈中一切重要的事情、自己的目標、自己的矛盾和不一致。我每天早上除了冥想以外，還會分析自己半小時。我不願我的生活中沒有這個部分。我認為這是我所做的事情中最重要的其中之一。但做這件事的時候必須抱著極認真的態度，給予它應有的重視。

不能把自我分析當成嗜好那樣每隔一陣子才進行，或者有心情的時候才做。人在有心情時才做的所有事情其實都沒有益處。沒有任何在有心情時才練習指法的人能成為鋼琴高手。音樂家從來都沒有心情練習指法，但他們卻練了，因為他們不得不練。他們知道他們不練的話永遠彈不好巴哈的曲子。如果我們想認真對待人生，就有很多事情是我們必須做。做這些事情不是因為它們本身是愉快的，而是因為它們對別的事情來說是必須的。

我不是要把這個道理用來應用在自我分析和冥想：它們不是練指法。正好相反，它們是極端讓人喜悅的活動。它們是讓人非常有滿足感的活動。那是必須學習與練習的。如果一個人未接受過分析治療，就會比較困難。不過我相信一個人即便沒有接受過分析治療一樣可以做到。但如果你遭遇更嚴重的困難，自我分析就會非常困難，幾乎不可能，因為你太被困在自己的問題裡面。你的阻抗會太大。重點是，如果你想分析自己，必須把基本的阻抗削弱。也就是說，如果我的人生中有巨大的阻抗，我當然不能分析自己，因為那樣的話我會用合理化的說詞來欺瞞自己。所以，基本上這是一個阻抗深淺的問題。但還有很多其他因素讓自我分析成為不可能，例如一個人生活的環境，或他有多渴望獲得較快樂的生活。

如果一個人曾經接受分析治療，那麼自我分析起來就會比較容易。又如果你接受過的分析治療不只是針對你的童年問題，而是還涉及你的整個人生（處理你正值人生的哪個階段、你正在做的事有什麼後果，和你的目標等等），那你要做自我分析又會更容易得多。霍妮寫過一本談自我分析的書，內容頗為有趣，但我不認為它會太有幫助或有足夠幫助，因為她是根據她的精神分析知識來進行自我分析。

自我分析必須簡單，也很容易做到簡單。你每日花半小時，一面走路一面沉思例如以下的問題：「我昨天感覺疲倦。我前晚睡得很好，所以我為什麼會疲倦呢？」然後你再問自己：「我是感覺焦慮嗎？」然後你可以進而問自己：「我為什麼會焦慮？」這樣，你可能會發現你其實是生氣。又也許你有頭疼，這樣你就可以問自己：「我在對誰生氣？」（這是人在頭疼時可以問自己的問題。）如果你找出答案，頭疼通常會消失。少數頭疼不會消失，因為他們是器質性（organic reason）。偏頭痛往往是憤怒被壓抑的表現，不斷壓抑憤怒會導致張力。很多身心性疾病也是由此而起。

分析自己的時候，不應該問一些空泛的問題，例如：「我在兒時發生過什麼事？」一旦你開始問自己簡單的問題，努力找出你真正的感覺，特別的事情就會發生。例如你認識了一個人，而你問自己：「我對他是什麼感覺？」你在意識層面也許喜歡對方，但內心深處卻有點不信任對方，而自我分析就表示放鬆，開始去感覺。這也不是一件和思想有關的事情，而是要用你的感覺去做實驗：我真正感到了什麼？你可能會發現你不是真的很喜歡那個人或者你害怕他。或者你不在乎他，或者他有什麼頭銜讓你心動，或者因為他是你母親的親戚而讓你喜歡。任何人只要不貪心，不滿腦子心理學理論，每天花半小時去感受昨天發生的事情，問一些簡單的問題，那麼他就會慢慢學會發現很多事情。

大部分的人都說他們沒有這個時間。但如果事情真的非常重要，他們自然能夠騰出時間。當一個人說「我沒有時間做某事」，這本身業已是一個決定。它是他決定不做一件事情的藉口，表示他覺得這事情並不重要。如果你必須去賺錢，你不會說「我沒有時間去上班」，因為你知道你會被開除，除非得到父母接濟否則會沒飯可吃。如果你保持耐性努力自我分析，你就會有所發現，而且變得更獨立和更自由，因為你不會什麼都跟別人說。你會變得有能力把一些事情留在心裡，不是老是說個不停。

配合自我分析寫日記會讓自我分析變得有一點點不活潑。不過如果能每天持之以恆，可能會有幫助。我覺得值得做的一件事是記下自己的夢境，琢磨它們是什麼意思。應該讓有些精神分析師只是負責解夢而不負責分析治療。我大力建議一個人把夢記下來，每四個星期找分析師幫忙解釋這些夢。分析師該用頭兩、三小時了解病患是什麼人和他是什麼情況，然後充當純粹的解夢者。我想這會是一個很好的方法，因為很多人並不需要較強烈的幫助，只要有人能分析他們的夢便可以讓他們在自我成長上大有進展。不依賴分析師而完全靠自己解夢同樣大有好處。

11 精神分析的「技術」，或者聆聽的藝術

「技術」原指把一種藝術的規則應用在它的對象，但其意義已經歷了微妙但重要的改變。「技術」一詞現在被用來指機械化的、沒有生命的事物的規則，而處理有生命的事物的學問一律被稱為「藝術」。因為這個理由，精神分析「技術」的概念有了一個瑕疵，因為它的對象看來是沒有生命的，因此不適用於人。

我們有足夠的理由說精神分析是理解人類心靈（特別是無意識領域）的過程。它像理解詩一樣，是一門藝術。

就像所有藝術，它有著自己的規則和規範：

- 基本規則是聆聽者需要完全聚精會神。
- 他必須心無旁騖，最大程度地擺脫貪婪和焦慮。
- 他必須擁有自由運作的想像力，又能夠以充分具體的語言表達出來。
- 他必須具有代入他人心靈的天賦能力，能夠像感覺自己的經驗那樣感覺別人

的經驗。

- 這種同理心的前提是愛的能力的最佳化。理解別人意味著愛他，不是情慾意義上的愛，而是一種向對方敞開懷抱和克服害怕失去自己的愛。
- 理解與愛是不可分的。如果它們分開，理解就會變成一個只用腦的過程，而通往根本理解的門會始終關著。

心理治療的目的是理解無意識領域的（被壓抑著的）情感和思想，覺察和理解它們的根源和作用。

心理治療的基本規則是教導病患盡可能說出一切，又在有所保留的時候說出他們有所保留。必須特別強調的是，病患沒有任何種類的道德責任，甚至沒有說真話的責任。（如果病患說謊，分析師最後應該會察覺，否則他就是能力不足。）

分析師應該回答所有關於他自己的問題，只要該問題是有公開紀錄和病患有權知道的，例如年紀、受訓經歷、社會背景等等。至於其他問題，則病患必須顯示他有正當的理由需要知道，或他是否想要（例如因為阻抗作祟）顛倒分析治療的情境，對分析師進行分析。

分析師與病患之間的談話不應該是彬彬有禮或閒談，而是應該直截了當。分析師絕對不可以撒謊。他絕對不可以設法討好或打動病患，而是必須反求諸己。這表示他必須透過分析自己來分析病患。

——.(1979) "Erich Fromm: Clinical and Social Philosopher," in *Contemporary Psychoanalysis*, New York: Academic Press, 1979, Vol. 15, pp. 201-213.

——.1980: *Fromm–The Man: Presentation in Honor of Erich Fromm at the William Alanson White: Institute*, New York 6. 18. 1980, p.3.

——.(1981) "Symbiosis, Narcissism, Necrophilia–Disordered Affect in the Obsessional Character," in *Journal of the American Academy of Psychoanalysis*, New York (1981), Vol. 9, pp. 33-49.

——.(1981a) "Tribute on Erich Fromm," in *Contemporary Psychoanalysis*, New York: Academic Press, 1981, Vol. 17, pp. 448-449.

——. *Psychoanalysis*, New York: William Alanson White Psychoanalytic Society, 1982, Vol. 18, pp. 119-132.

——.(1988) "Exploring the Therapeutic Use of Counter-transference Data," in *Essential Papers On Counter-transference*, ed. by B. Wolstein, New York: New York University Press, 1988, pp. 111-119.

Tauber, E. S., and Landis, B. "On Erich Fromm," in: B. Landis and E. S. Tauber eds., *In the Name of Life: Essays om Honor of Erich Fromm*, New York: Holt, Rinehart and Winston, 1971, pp. 1-11.

Werder, L. von, *Alltägliche Selbstanalyse: Freud–Fromm–Thomas*, ed. L. von Werder, Weinheim: Deutscher Studien Verlag, 1990, p.239.

Whitehead, A. N. *The Function of Reason*, Boston: Beacon Press, 1967.

Witenberg, E. G. "Tribute on Erich Fromm," in *Contemporary Psychoanalysis*, New York: Academic Press, 1981, Vol. 17, pp. 449-450.

Wolstein, B. "A Historical Note on Erich Fromm: 1955," in *Contemporary Psychoanalysis*, New York: The Academic Press, 1981, Vol. 17, pp. 481-485.

Nyanaponika Mahathera, *The Heart of Buddhist Meditation*, New York: Samuel Weiser, 1973.

Reich, W. *Charakteranalyse. Technik und Grundlagen*, Wien: Verlag für Sexualpolitik, 1933.

Schecter, D. E. (1971) "Of Human Bonds and Bondage," in B. Landis and E.S. Tauber, eds., : *In the Name of Life: Essays in Honor of Erich Fromm*, New York: Holt, Rinehart and Winston, 1971, pp. 84-99.

——.(1981) "Tribute on Erich Fromm," in *Contemporary Psychoanalysis*, New York: Academic Press, 1981, Vol. 17, pp. 445-447.

——.(1981a) "Contributions of Erich Fromm," in *Contemporary Psychoanalysis*, New York: Academic Press, 1981, Vol. 17, pp. 468-480.

——.(1981b) "On Fromm, " in *The William Alanson White Institute Newsletter*, Vol. 15 (No. 1, Winter 1981), p. 10.

Sheldon, W. H. *The Varieties of Temperament*, New York / London: Harper and Brothers, 1942.

Silva Garcia, J. (1984) "Notes on Psychoanalysis and the Selection of Candidates for Training." Paper presented to the IV. Conferencia Cientifica de la Federación Internacionales de Sociedades Psicoanalíticas, Madrid 1984, p.18.

——.(1990) "Dreams and Transference," in *American Journal of Psychoanalysis*, New York (1990), Vol. 50, pp. 203-213.

Skinner, B. F. *Beyond Freedom and Dignity*, New York: Knopf, 1971.

Spengler, O. *Untergang des Abendslandes*, 2 Vols., Munich 1918 and 1922.

Spiegel, R. (1981) "Tribute on Erich Fromm, " in *Contemporary Psychoanalysis*, New York: The Academic Press, 1981, Vol. 17, pp. 436-441.

——.(1983) *Erich Fromm. Humanistic Psychoanalyst 1900-1980. Presentation to the 40th anniversary of the William Alanson White Institute*, New York 1983, P.5.

Tauber, E. S. (1959) "The Role of Immediate Experience for Dynamic Psychiatry. The Sense of Immediacy in Fromm's Conceptions," in *Handbook of Psychiatry*, New York 1959, pp. 1811-1815.

Kretschmer, E. *Körperbau und Charakter*, Berlin: Springer Verlag, 1921.
Kwawer, J. S., 1975: "A Case Seminar with Erich Fromm", in: *Contemporary Psychoanalysis*, New York: Academic Press, Vol. 11 (1975), pp. 453-455.
——.(1991) "Fromm on Clinical Psychoanalysis", in *Contemporary Psychoanalysis*, New York: William Alanson White Institute, 1991, Vol. 27, pp. 608-623.
Landis, B. (1975) "Fromm's Theory of Biophilia–Necrophilia. Its Implications for Psychoanalytic Practice," in *Contemporary Psychoanalysis*, New York: The Academic Press, 1975, Vol. 11, pp. 418-434.
——.(1981) "Fromm's Approach to Psychoanalytic Technique," in *Contemporary Psychoanalysis*, New York: Academic Press, 1981, Vol. 17, pp. 537-551.
——.(1981a) "Erich Fromm", in: *The William Alanson White Institute Newsletter*, New York, No.1, Winter 1981, Vol. 15, pp. 2-4.
Lesser, R. M. "Frommian Therapeutic Practice," in *Contemporary Psychoanalysis*, New York: William Alanson White Psychoanalytic Society, 1992, Vol. 28, pp. 483-494.
Luban-Plozza, B., and Egle, U. "Einige Hinweise auf die psychotherapeutische Einstellung und den Interventionsstil von Erich Fromm," in *Patientenbezogene Medizin*, Stuttgart/New York, 1982, Vol. 5, pp. 81-94.
Marx, K. "Zur Kritik der Hegelschen Rechtsphilosophie. Einleitung," in K. Marx and F. Engels, *Historisch-kritische Gesamtausgabe* (= MEGA). Werke–Schriften–Briefe, im Auftrag des Marx- Engels-Lenin-Instituts Moskau, publishrd by V. Adoratskij, 1. Abteilung: Sñmtliche Werke und Schriften mit Ausnahme des Kapital, zit. I, 1-6, Berlin 1932; MEGA I, 1, 1, pp. 607-621.
Nietzsche, F. "Sprüche und Pfeile", in F. Nietzsche *Götzendämmerung*.
Norell, M. (1975) "Reminiscences of Supervision with Erich Fromm," in *Contemporary Psychoanalysis*, New York: Academic Press, 1975, Vol. 11, pp. 456f.
——.(1981) "Wholly Awake and Fully Alive," in *Contemporary Psychoanalysis*, New York: Academic Press, 1981, Vol. 17, pp. 451-456.

——.1989a: *The Art of Being*, New York:(Crossroad / Continuum, 1992.
——.1990a: *The Revision of Psychoanalysis*, Boulder: Westview Press, 1992.
——.1991c: "Causes for the Patient's Change in Analytic Treatment," in *Contemporary Psychoanalysis*, New York: William Alanson White Institute, Vol. 27 (No. 4, October 1991), pp. 581-602.
Funk, R. "Fromm's approach to psychoanalytic theory and its relevance for therapeutic work," in Institutio Mexicano de Psicoanalisis, ed., *El character social, su estudio, un intercambio de experiencias*, Coyoacán 1972, pp. 17-43.
Gourevitch, A. "Tribute on Erich Fromm", in *Contemporary Psychoanalysis*, New York: Academic Press, 1981, Vol. 17, pp. 435-436.
Grey, A. (1992) "Society as Destiny: Erich Fromm's Concept of Social Character," in *Contemporary Psychoanalysis*, New York: Academic Press, 1992, Vol. 28, pp. 344-363.
——.1993: "The Dialectics of Psychoanalysis: A New Synthesis of Fromm's Theory and Practice," in *Contemporary Psychoanalysis*, New York: William Alanson White Psychoanalytic Society, 1993, Vol. 29, pp. 645-672.
Horney, K. *Self-Analysis*, New York: W. W. Norton' 1942.
Horney Eckardt, M. (1975) L'Chayim. Review of Bernhard Landis and Edward S. Tauber, eds., "In the Name of Life. Essays in Honor of Erich Fromm," in *Contemporary Psychoanalysis*, New York: Academic Press, 1975, Vol. 11, pp. 465-470.
——.1982: "The Theme of Hope in Erich Fromm's Writing," in *Contemporary Psychoanalysis*, New York: Academic Press, 1982, Vol. 18, pp. 141-152.
——.1983: "The Core Theme of Erich Fromm's Writings and Its Implications for Therapy," in *Journal of The American Academy of Psychoanalysis*, New York: John Wiley & Sons, 1983, Vol. 11, pp. 391-399.
——.1992: "Fromm's Concept of Biophilia," in *Journal of the American Academy of Psychoanalysis*, 1992, Vol. 20, pp. 233-240.
Jung, C. G. *Memories, Dreams, Reflections*, ed. by Aniela Jaffé, New York: Pantheon Books, 1963.

——.1900a: "*Dream Interpretation*", S. E. Vols. 4 and 5.
——.1919a: "Advances in Psycho-Analytic Therapy," S. E. Vol. 17, pp. 157-168.
——.1937c: "Analysis Terminable and Interminable", S. E. Vol. 23, pp. 209-253.
Fromm, E. 1947a: *Man for Himself: An Inquiry into the Psychology of Ethics*, New York: Rinehart, 1947.
——.1951a: *The Forgotten Language: Introduction to the Understanding of Dreams, Fairy Tales and Myths*, New York: Rinehart, 1951.
——.1956a: *The Art of Loving*, (World Perspectives, Vol. 9, planned and edited by Ruth Nanda Anshen), New York: Harper and Row, 1956.
——.1960a: *Psychoanalysis and Zen Buddhism*, in D. T. Suzuki and E. Fromm *Zen Buddhism and Psychoanalysis*, New York: Harper and Row, 1960, pp. 77-141.
——.1964a: *The Heart of Man: Its Genius for Good and Evil* (Religious Perspectives, Vol. 12, planned and edited by Ruth Nanda Anshen), New York: Harper and Row, 1964.
——.1966f: and Richard I. Evans: *Dialogue with Erich Fromm*, New York: Harper and Row, 1966.
——.1966k: "El complejo de Edipo: Comentarios al 'Analisis de la fobia de un niño de cinco años,' " in *Revista de Psicoanálisis, Psiquiatría y Psicología*, México, No. 4 (1966), pp. 26-33; engl.: "The Oedipus Complex: Comments on 'The Case of Little Hans,' " in E. Fromm, *The Crisis of Psychoanalysis* (1970a), pp. 88-99.
——.1970a: *The Crisis of Psychoanalysis, Essays on Freud, Marx and Social Psychology*, New York: Holt, Rinehard and Winston, 1970.
——.1970c: "The Crisis of Psychoanalysis," in E. Fromm, *The Crisis of Psychoanalysis* (1970a), pp. 9-41.
——.1973a: *The Anatomy of Human Destructiveness*, New York: Holt, Rinehart and Winston, 1973.
——.1979a: *Greatness and Limitations of Freud's Thought*, New York: Harper and Row, 1980.

——.1992: "Radical Humanism in Psychoanalysis," in *Contemporary Psychoanalysis*, New York: William Alanson White Psychoanalytic Society, Vol. 28 (1992), pp. 695-731.

Burston, D. *The Legacy of Erich Fromm*, Cambridge (Mass.) and London: Harvard University Press, 1991.

Chrzanowski, G. (1977) "Erich Fromm," in G. Chrzanowski, "Das psychoanalytische Werk von Karen Horney, Harry Stack Sullivan und Erich Fromm," in: *Kindlers "Psychologie des 20. Jahrhunderts." Tiefenpsychologie*, Vol. 3: Die Nachfolger Freuds, ed. by von D. Eicke, Zürich: Kindler Verlag, 1977 / Weinheim: Beltz Verlag, 1982, pp. 368-376; engl.: "The Work of Erich Fromm. Summing and Evaluation," in *Contemporary Psychoanalysis*, New York: The Academic Press, Vol. 17 (1981), pp. 457-467.

——.1993: "Erich Fromm (1900-1980) Revisited." Reviews of E. Fromm, *The Art of Being and The Revision of Psychoanalysis,* in *Contemporary Psychoanalysis*, New York: William Alanson White Psychoanalytic Society, Vol. 29 (1993), pp. 541-547.

Cortina, M. "Erich Fromm's Contribution to Relational Perspectives in Psychoanalysis," Typoscript 1992, p.24.

Crowley, R. M. "Tribute on Erich Fromm," in *Contemporary Psychoanalysis*, New York: The Academic Press, Vol. 17 (1981), pp. 441-445.

Elkin, D. "Erich Fromm," in *Contemporary Psychoanalysis*, New York: Academic Press, Vol. 17 (1981), pp. 430-434.

Epstein, L. "Reminiscences of Supervision with Erich Fromm," in *Contemporary Psychoanalysis*, New York: Academic Press, Vol. 11 (1975), pp. 457-461.

Feiner, A. H. "Reminiscences of Supervision with Erich Fromm," in: *Contemporary Psychoanalysis*, New York: Academic Press, Vol. 11(1975), p. 463f.

Freud, S. *The Standard Edition of the Complete Psychological Works of Sigmund Freud* (S. E.), Vol. 1-24, London: The Hogarth Press, 1953-1974.

參考書目

Akeret, R. U. "Reminiscences of Supervision with Erich Fromm," in *Contemporary Psychoanalysis*, New York: Academic Press, Vol. 11 (1975), pp. 461-463.

Bacciagaluppi, M. (1989) "Erich Fromm's Views on Psychoanalytic 'Technique,' " in *Contemporary Psychoanalysis*, New York: Academic Press, Inc., Vol. 25 (No. 2, April 1989), pp. 226-243.

——.1991: "More Frommian themes: core-to-core relatedness and 'there is nothing human which is alien to me.'" Paper presented at a Workshop on Frommian Therapeutic Practice, August 30-September 1, 1991, in Verbania-Pallanza, unpublished typoscript, p.11

——.1991a: "The Clinical Fromm: Patient's Change. Introduction", in: *Contemporary Psychoanalysis*, New York: William Alanson White Institute, Vol. 27 (No. 4, October 1991), pp. 579f.

——.1993: "Ferenczi's Influence on Fromm," in L. Aron and A. Harris eds., *The Legacy of Sándor Ferenczi*, Hillsdale and London: Analytic Press, 1993, pp. 185-198.

——.1993a: "Fromm's Views on Narcissism and the Self," in: J. Fiscalini and A. L. Grey eds., *Narcissism and the Interpersonal Self*, New York: Columbia University Press, 1993, pp. 91-106.

Bacciagaluppi, M., and Biancoli, R. "Frommian Themes in a Case of Narcissistic Personality Disorder," in *Contemporary Psychoanalysis*, New York: William Alanson White Psychoanalytic Society, Vol. 29 (1993), pp. 441-452.

Biancoli, R. (1987) "Erich Fromms therapeutische Annñherung oder die Kunst der Psychotherapie," in L. von Werder ed., *Der unbekannte Fromm: Biographische Studien* (Forschungen zu Erich Fromm, Vol. 2), Frankfurt: Haag + Herchen, 1987, pp. 101-146.

聆聽的藝術
認識自己與體察現代人的心靈
The Art of Listening

作　　者　埃里希・佛洛姆（Erich Fromm）
譯　　者　梁永安
副 社 長　陳瀅如
責任編輯　翁淑靜
校　　對　陳錦輝
封面設計　鴻雅工作室
內頁排版　洪素貞
行銷企劃　陳雅雯、余一霞

出　　版　木馬文化事業股份有限公司
發　　行　遠足文化事業股份有限公司 (讀書共和國出版集團)
　　　　　231新北市新店區民權路108-4號8樓
電　　話　（02）22181417
傳　　真　（02）22180727
電子信箱　service@bookrep.com.tw
郵撥帳號　19588272木馬文化事業股份有限公司
客服專線　0800-221-029
法律顧問　華洋法律事務所 蘇文生律師
印　　刷　呈靖彩色印刷有限公司
初　　版　2023年6月
初版4刷　2024年5月

定　　價　420元
I S B N　978-626-314-442-2（紙本書）
　　　　　978-626-314-443-9（PDF）
　　　　　978-626-314-444-6（EPUB）

聆聽的藝術：認識自己與體察現代人的心靈 / 埃里希 . 佛洛姆 (Erich Fromm) 著 ; 梁永安譯 . -- 初版 . -- 新北市 : 木馬文化事業股份有限公司出版 : 遠足文化事業股份有限公司發行 , 2023.06
面 ;　公分
譯自 : The art of listening
ISBN 978-626-314-442-2(平裝)

1.CST: 精神分析學 2.CST: 聆聽

175.7　　　112006381